最高閒聊法

再尷尬也能聊出花來
一生受用的人際溝通術

五百田達成／著
謝敏怡／譯

〈前言〉閒聊和一般對話完全不同

閒聊簡單嗎？

・不知道要講什麼。
・一片沉默很尷尬。
・話接不下去，場面很冷。
・跟陌生人見面特別容易緊張。

就算聊得很開心⋯⋯

・講話沒內容，心很累。
・不知道話題應該在哪裡結束。

• 顧忌太多，累死自己。
• 結果，談話結束後又變回陌生人了。

怎麼會變成這樣呢？

如果對方是熟人、交情好的人，當然不會有這種情況。就算談話中間出現沉默，也不覺得尷尬，相處起來時間過得很快。跟熟人聊天，與其說是閒聊，不如說是瞎聊。瞎聊一點壓力也沒有。

問題就在於，跟不熟的人聊天的時候。

• 跟初次見面的人落落大方地介紹自己。
• 跟只見面一次或兩次的人聊天，必須迎合對方的話。
• 跟上司或客戶高層講話不失言。
• 讓另一半的父母和親戚咯咯笑不停。

・跟爸媽的朋友輕鬆打開話匣子，聊個不停。

不得不跟關係不上不下的人聊天，光用想的就覺得彷彿身在地獄。這些都是讓許多人感到棘手的「閒聊」。

為什麼會變成這樣？難道沒有什麼因應對策嗎？

有的！請交給我！

這本書就是要幫助你解決這個問題。

＊　＊　＊

抱歉這麼晚才自我介紹，我是本書作者五百田達成。

我擔任過編輯、廣告企畫、心理諮商師，現在則以溝通管理師的身分，活用過去的經驗，從事書籍撰寫和演講活動。非常感謝你的購買，希望你喜歡這本書。

那麼，讓我們言歸正傳。

閒聊很難，不是做不到，只是難度很高。閒聊讓人苦惱、充滿壓力。為什麼會這樣？

原因很簡單，因為「閒聊和一般對話完全不同」。

這一點很重要，所以我要再強調一次。

閒聊和一般對話完全不同。

覺得閒聊很難是很正常的。

對大部分人來說，對話大多只有下面兩種情況：

①跟朋友或熟人無拘無束、輕鬆地聊天。

②在工作場合，嚴肅正經地對話。

這些就是所謂的「一般對話」。

但閒聊算是第三種對話，不在這兩種類型之中。而大家閒聊時，都使用上述兩種類型的對話方式，所以大多是以失敗收場。

閒聊指的是「跟關係微妙的人，以適當的對話拉近關係」，是非常細膩的對話方式。

但沒人知道這個事實，大家都有樣學樣，認為「閒聊這麼簡單，隨便講講就好啦」，於是隨便亂聊。想當然話題一下就乾了，聊起來很累人。

或者，場面好像有點熱了起來，但很快又冷掉了。

由此可見，閒聊跟一般對話不同，完全是不一樣的溝通型態。

＊　＊　＊

那該怎麼做才好？其實非常簡單。

只要「以適當的方式閒聊」就好。

只要以適當的方式閒聊，聊起來自然熱絡愉快。

想要跟誰都聊得來，就把「閒聊力」學起來吧。

「什麼？閒聊也有方法喔？」

「有方法是很好啦，但如果很麻煩就不想學了。」

你心裡是不是也這樣想呢？

請放心。

適合閒聊的說話方式確實存在，而且非常簡單。

只要實踐本書整理的幾個簡單技巧，就可以讓你跟誰都聊得來。

避開NG的閒聊方式，實踐OK的，無論是跟難相處的人，或是重要的人，都可以聊得愉快又開心。

- 閒聊不適合聊天氣和新聞。
- 不要問別人「最近怎麼樣」。
- 外行人才會尋找共同話題。

這些第一次耳聞的概念會接二連三出現，請各位不要太驚訝，繼續看下去。

讀完本書後，你的閒聊力一定會有飛躍性的提升。

是的，只要閱讀本書，成爲聊天高手不是夢想。

學習閒聊技巧，有以下好處：

- 跟別人相處起來輕鬆沒壓力。
- 讓話題延續不冷場，拉近跟別人的距離。
- 獲得重要客戶的青睞和信任。
- 創造下一個機會，帶來豐碩成果。

而且，**一旦學會閒聊力，終生受用。今後就算遇到必須跟不熟的人閒聊的狀況，也一點都不困擾，不但聊起天來輕鬆自在，而且大家都喜歡跟你聊。**

這不是很棒嗎？

閒聊力帶來的好處真的非常多（笑）。

久等了，接著就讓我們進入正題吧。

至今尚未解開的「閒聊」真面目，包括不可以做的事、應該做的事，以及擅長閒聊和不擅長閒聊兩者之間的決定性差異……

讓你再也不怕尬聊的「超級閒聊力課」，開始囉！

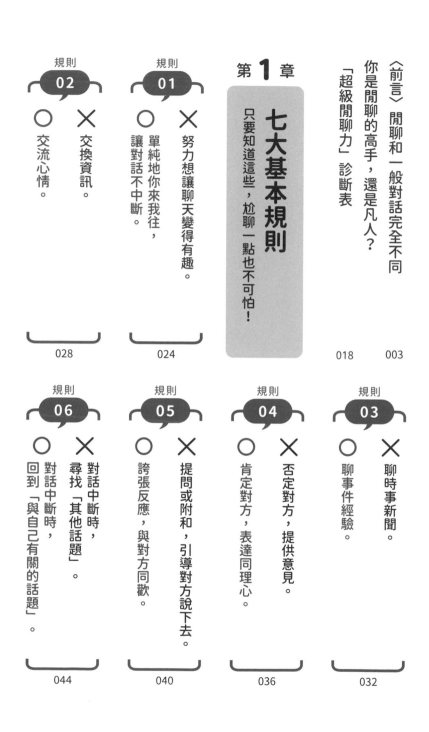

第3章 熟人／聚會篇

與人相處輕鬆又自在！

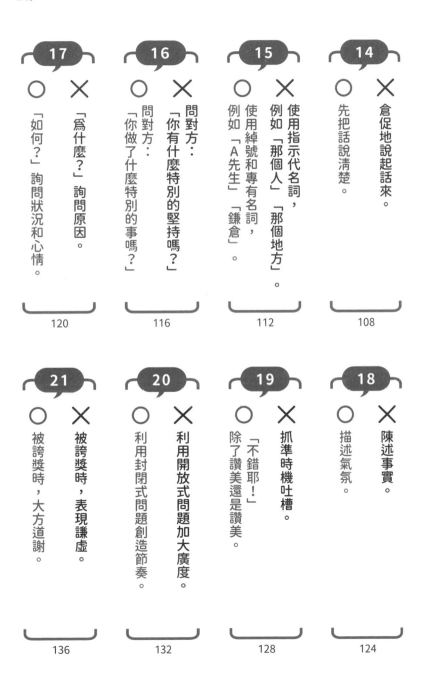

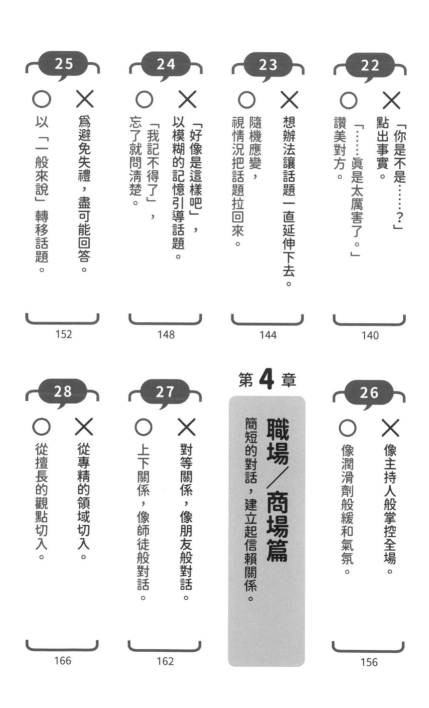

第4章 職場／商場篇

簡短的對話，建立起信賴關係。

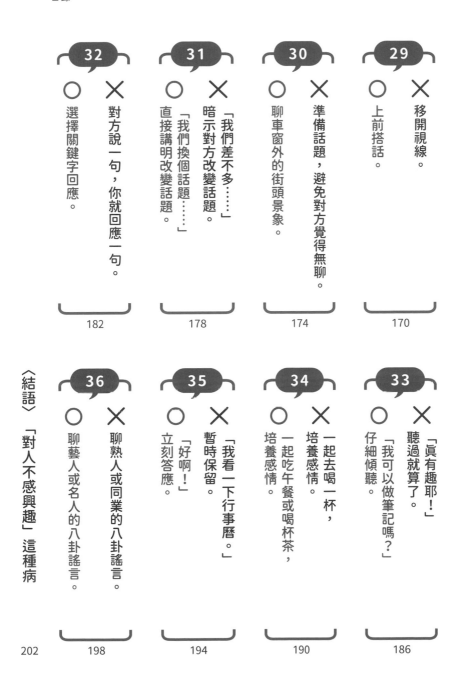

你是聞聊的高手，還是凡人？

「超級閒聊力」診斷表

數數看你有幾個A

❶ 跟第一次見面的人聊

A：你的興趣是什麼？

B：你喜歡吃什麼？

❷ 被誇獎的時候

A：「哪裡哪裡」，表現得謙虛。

B：「謝謝」，向對方道謝。

❸ 發現彼此有共同興趣時

A：興奮地回應：「我也是！」

B：回應：「這樣啊！」

❹ 跟許久不見的朋友聊天時

A：「最近好嗎？」

B：「工作順利嗎？」

❺ 想結束話題時

A：尋找適當時機。

B：向對方道謝，結束對話。

❻ 想跟客戶進一步拉近距離時

A：約對方喝一杯。

B：約對方吃午餐。

計分方式

右表有哪些符合你平常的行為？數數看你有幾個A，然後翻到下一頁，看看你的閒聊力有多少。

你平常都怎麼做？

❼ 跟上司兩個人搭計程車時

A：「關於之前那個案子」，跟上司聊工作的事。
B：「您假日都做些什麼？」跟上司閒聊。

❽ 針對對方喜歡的事物

A：問對方「你爲什麼喜歡呢」，詢問原因（why）。
B：問對方「你有多喜歡呢」，詢問程度（how）。

❾ 當對話有點乾掉時

A：搬出萬年不敗的自嘲哏。
B：平淡地話家常。

❿ 用什麼開啟話題

A：最新的流行時事。
B：跟自己有關的話題。

⓫ 問到對方的公司名稱時

A：「我朋友也在你們公司」，拓展話題。
B：問對方「您從事什麼樣的工作呢」，往下挖掘。

⓬ 跟對方見面兩次以上時

A：很清楚之前聊了些什麼。
B：「之前可能說過了」，不太在乎。

診斷結果

閒聊的

外行人

有
10~12個
A的人

這類型的人雖然很努力想炒熱氣氛，但場面總是熱不起來，常常白費工夫。只要學會並實踐閒聊的知識和技巧，就能侃侃而談，得到更多擴展人脈的機會。

閒聊的

凡人

有
6~9個
A的人

這類型的人可以跟熟人聊得很愉快，但面對初次見面的人或上位者，便容易緊張。只要稍微學習聊天技巧，就可以一舉減輕人際關係的壓力。

閒聊的

高手

有
2~5個
A的人

跟任何人都可以聊得開心、沒壓力，非常懂得跟人相處。若學會炒熱氣氛的技巧或拉近關係的心態，便能如虎添翼。

閒聊的

超級高手

有
0~1個
A的人

在任何場合都能掌控話題，建立起牢固的人際關係。人心、工作機會和金錢都自然聚攏到身邊的超級高手，閱讀本書時就請當作是在確認自己平時的行爲。

第1章

最高閒聊法
七大基本規則

只要知道這些，
尬聊一點也不可怕！

規則

01

閒聊的目的

○

單純地你來我往，
讓對話不中斷。

×

努力想讓聊天
變得有趣。

你有過這樣的經驗嗎？

「不知道要聊什麼。」

「拚命想炒熱氣氛，講到嘴巴很痠。」

「想炒熱氣氛，就必須說些有趣的話」，這其實誤會大了。

閒聊的目的只有一個，就是「建立人際關係」。

跟初次見面的人，總之先聊聊看。

跟見過兩、三次面的人，進一步拉近關係。

跟上司在計程車裡閒聊；跟客戶正式交涉、協商前的破冰。

跟另一半的父母久違的對話；跟媽媽的朋友保持恰到好處的距離話家常。

生活中，我們會碰到各種不同的狀況，但所有的閒聊都只有一個目的，就是**透過對話，卸下彼此的心防，讓雙方的關係變得更緊密。**

「跟對方初次見面，因為某個不重要的話題聊得很開心，非常意氣相投。」

「跟嚴肅的客戶天南地北地閒聊，最後談成了生意。」

這些成功的例子，都是因為閒聊，拉近彼此距離帶來的結果。

反過來說，人與人之間只要閒聊，就能拉近關係。講白了，閒聊的時候，其實聊什麼都無所謂。

所以，不需要硬講些有趣的事，更不需要有什麼「結論」或「結局」，沒有反而比較好。

一旦「直接從結論說起」「用數字和數據，講話有邏輯」，閒聊馬上就結束了。而閒聊結束，關係也就結束了。

不用「也就是說」，不要為對話下結論

人是有情緒的，不是機器人。

苦笑地聊著沒有結局的話題。

兜著沒有結論的話題轉。

像這樣閒聊，醞釀出「我們在對話」的感受，可以帶來「讓彼此關係更緊密」的安心感。

就像「The show must go on」（直譯就是「戲一定要演下去」）這句英文諺語所說的，閒聊也一定要一直講下去。**重點不在「內容」，而是你來我往的「持久性」**。

那要怎麼做，對話才能持久呢？下一個規則會討論這個部分。

請各位先將這一點牢記在心：**閒聊不需要有趣或結論，只要持續不中斷就好。**

POINT

閒聊是對話的你來我往，能持續不中斷就好。

規則

02

閒聊的內容

○

交流心情。

×

交換資訊。

「在異業交流會上，針對中國市場交換了很多資訊，收穫良多。」
「從媽媽朋友那裡，獲得附近明星學校辦學方針的資訊。」

有些人認為閒聊就是「資訊交流」，從別人那裡取得有用的資訊，也提供有用的訊息，才是有意義的閒聊。

但這並不是真正的閒聊。

我在前面第一個規則提到閒聊時聊什麼都好，但閒聊也分為「容易拉近彼此距離的閒聊」和「難以拉近彼此距離的閒聊」。

而「資訊交流」正是典型的難以拉近彼此距離的閒聊。假設你跟對方在聊彼此共同的興趣——高爾夫，出現以下對話。

「最近我買了很不錯的桿頭。」
「是哪裡製造的？」
「是◎◎製的。」
「你爲什麼會選那個桿頭？」

「因爲我聽說用這個，球打出去的感覺很不一樣。」
「原來如此，我也考慮考慮。」

這種對話，講再多也沒辦法建立良好的關係。相對於此，你覺得下面的閒聊如何？

「我最近買了不錯的桿頭，打起來超順手的。」
「我懂！找到適合自己的球桿眞的很重要。」
「就算覺得『就是它了』，感覺也可能會突然變了，眞麻煩。」
「不過這個麻煩的地方，也是高爾夫有趣之處。」
「眞的，高爾夫球一旦玩上癮就戒不掉了。」

老實說，這個對話沒有什麼有用的資訊。
但彼此傳達了對高爾夫球的愛，對話可能會因此進展到「下次要不要一起打」。

傳遞心情，拉近彼此的距離

為什麼我說這樣的閒聊是「好的閒聊」呢？因為對話交換的不是「資訊」，而是「心情」。

「很順手」「適合自己」「麻煩的地方」「有趣之處」「玩上癮」……傳達彼此的喜怒哀樂，是「容易拉近彼此距離的閒聊」的鐵則。

這裡再強調一次：人是有情緒的。閒聊應該交流的，是彼此的心情。**和對方分享自己真實的心情、感受，而不是那種查了就知道的資訊，這是建立緊密關係的基本原則。**

聊「心情」，而非「資訊」，這就是閒聊的第二個規則。

POINT

分享彼此的心情，可以建立良好的關係。

規則

03

如何開啟話題

○

聊事件經驗。

×

聊時事新聞。

「今天我看到一則新聞。」

「最近○○好像很流行耶。」

用那天的新聞或流行時事開啟話題，你跟人聊天時是不是都這樣起頭？想從大家都知道的事情開啟話題，是很正常的。

不過，如果你想提升閒聊力，請避免這樣打開話題。

第二個規則「聊心情，而非資訊」就已提到，**用流行時事或新聞當開頭話題，對話會變得很表面、膚淺，很難聊到彼此的真實感受。**

「聽說這次的颱風好像很嚴重耶，全國各地災情頻傳。」

「真的啊，滿嚴重的。」

「……」

「……」

這則新聞明明大家都知道，卻聊不下去。

「對政府的應對感到很生氣」「我們必須小心防範災害」，就算勉強試著傳達自己的心情，恐怕也很難表達清楚。

用狀聲詞，聊事件經驗

選擇什麼樣的話題，才能清楚表達自己的心情？

簡單來說，正確答案是「聊跟自己有關的事件和經驗」。

「這次的颱風，風咻咻咻的，好可怕喔。晚上根本睡不著。」

「風大眞的很難睡著。」

「雖然我覺得公寓應該很堅固，但這次眞的有夠嚇人。」

「我們家爲此還準備了防災背包，之前從來沒買過。防災意識整個變得不一樣了。」

像這樣將颱風的話題與自己的實際經驗連結，聊起來應該會讓人感覺很親近。

POINT

實際經驗，比較能夠表達心情。

用實際經驗開啟話題，便能以「我覺得」「防災意識變得不一樣了」來傳達自己的真實感受。

而**使用「咻咻咻」「真的」等狀聲詞和語助詞，有助於表達自己真實的感覺。**

不需要誇張的故事、有趣的經驗，平淡無奇的日常生活事件就可以了。

用「經驗」搭配「感受」聊天，可以迅速拉近你與對方的關係。

聊自己的生活事件和經驗，而非不知在哪裡看到的時事話題，這就是第三個規則。

規則

04

傾聽的方式

○

肯定對方，
表達同理心。

✕

否定對方，
提供意見。

我們在第三個規則討論了「該怎麼說」，接下來則是「該如何傾聽」。

閒聊是為了建立關係的協同作業，所以把自己的心情傳達得再怎麼清楚也不夠，**不仔細傾聽對方的話是不行的**。我想應該有不少人不擅長傾聽吧。

那麼，應該如何傾聽呢？基本上，只要運用前面的規則就可以了。

也就是，**「不要求對方講話要有結論或結果」「讓對話持續不中斷」「讓對方表達自己的心情」**。不過，說起來簡單，做起來可是一點也不容易。

比方說，下面的對話你覺得如何？

「最近變冷了耶。」

「嗯，不過下禮拜好像滿暖和的（①）。」

「喔，是喔……我之前就是因爲氣溫變化大，而感冒了。」

「你經常洗手和漱口嗎？要小心點喔（②）。」

①並非刻意，但否定或糾正了對方的發言。

②覺得是爲對方好，提供建議。

這兩種正是最糟糕的錯誤傾聽方式。

一般對話可能還好，用在閒聊上則是完全不行。

閒聊時，就算對方講錯了什麼，或意見有點不同，也都應該當作沒發現，繼續聊下去才對。

人受到肯定，才願意敞開心胸

「最近變冷了耶。」

「對啊，早上和晚上眞的很冷（①）。」

「我之前就是因爲氣溫變化大，而感冒了。」

「哇，感冒就麻煩了（②）。」

「就是啊，而且又是在做簡報之前，更麻煩（③）。」

像這樣，**肯定對方的話（①），不管如何先同理對方（②）**，可以獲得更多正面效果，還能讓對方**表達自己的心情**（③）。**人只要持續受到肯定，自然就會願意表達自己的心情**。

有時你再怎麼遵守前面提到的規則，也會碰到對方只講自己想說的。此時，不要覺得煩躁，也不要否定對方或提供意見，聽就對了。

如此，對方也會逐漸靜下心來，敞開心胸，開始順著規則跟你閒聊。

傾聽對方的話時，肯定、同理對方就好。

這就是閒聊的第四個規則。

POINT

絕對不要否定對方或提供意見。

規則

05

有效果的反應

○

誇張反應，
與對方同歡。

×

提問或附和，
引導對方說下去。

第四個規則說明了「傾聽的方式」。

然而，這不是要你忠於傾聽的角色，成為傾聽高手。

「一直聽對方說話，累死了。」

「把話題的球丟給對方，對方卻不領情。」

我們不應該抱著這種不愉快的心情閒聊下去。

閒聊如果讓人覺得費力、麻煩，就不是閒聊。

讓我們簡單地回顧一下何謂閒聊。請回想第一個規則。

聊什麼都行，只要對話能持續下去，就是閒聊。

所以，「提升提問力，引導對方表達」，或「適時附和對方，鼓勵對方多說話」，這些都是不必要的。

不需要讓自己成爲傾聽高手。考慮一大堆，只會感到痛苦。就是單純閒聊而已，放輕鬆聊就對了。

傾聽，只要有所反應就可以了

那麼，傾聽的一方是不是就什麼都不用做呢？

第四個規則除了「肯定對方，表達同理心」之外，還有一個要注意的地方，那就是要好好反應。

如果有時間思考怎麼附和對方、提出好問題，不如積極地做出反應。**拍手、換表情、微笑……這樣做，可以讓對方感受到你很認真在聽他說話。**

這裡再強調一次：閒聊是「心情的交流」，所以聽對方說話時，不必講一堆有的沒的，**只要用身體語言和表情傳遞心情，就是出色的閒聊了。**對方感到安心，對話就能持續不中斷。

另外，強烈的反應也是一種自我暗示。

就算話題很無聊或沒完沒了，只要做出強烈反應，就可以騙過大腦，誤以為現在「很開心」。如此，閒聊就會變成快樂的事，最後跟對方聊得很盡興、很愉快。

閒聊時不必去討好對方。你不需要覺得很有壓力，因為有一半的責任在對方身上（笑）。

不要讓自己太疲憊或喘不過氣，必要時，就「偷懶」一下吧。

以上就是重要的第五項規則。

POINT

與其附和，不如誇張反應。

規則

06

出現沉默時的對策

○

對話中斷時，回到「與自己有關的話題」。

×

對話中斷時，尋找「其他話題」。

前面的五個規則，應該讓你了解到正確的閒聊大致是什麼樣子了。

那麼，當話接不下去時，該怎麼辦？話題突然中斷時，怎麼做才正確？

「沉默不語很可怕，我都會想辦法接話，炒熱氣氛，但這樣很累。」

「聊的話題很膚淺，讓人不太舒服。」

討厭沉默不語，所以想了一堆話題，卻又棒棒揮空，讓彼此陷入沉默……這是閒聊的重大危機。

閒聊要細火慢燉慢慢聊

讓話題持續的確很重要，但對話中斷時，也不必急著馬上搬出其他話題。

用膚淺的話題填補沉默，根本無法與對方交心。

遇到這種情況，就**先放緩對話的步調吧**。不要害怕短暫的沉默，放緩步調、壓低嗓子慢慢說。

然後，再次回到基本原則，也就是**「聊與自己有關的事，聊心情」**。

「奧運快開始了耶。」

「不知道能不能順利舉行……」

「調漲消費稅眞讓人困擾。」

「就是啊……」

「……」（對話中斷）

「……」（難忍沉默）

「話說，昨天我家養的狗身體不舒服。」

「喔，你有養狗啊？」

「對啊，年紀滿大的狗狗。」

「眞不錯，我們家其實也滿想養狗的。」

新聞時事這類與自己無關的話題，也就是離自己「很遠」的事，可以講的東西很快就沒了。既炒熱不了氣氛，也挽救不了沉默帶來的尷尬。

相反地，講離自己「很近」的事，可以輕鬆打開話匣子。只要是有體驗過的事、自己的想法，就有源源不絕的話題可以聊。

當沉默來臨，就拿貼近自己的事，聊聊自己的心情吧。

這就是挽救閒聊危機、重要的第六規則。

POINT

沉默是話題「太遠」的警示，多聊聊「貼近」自己的事。

規則

07

結束閒聊的方法

○

在恰到好處的地方結束。

×

聊到天荒地老。

第六個規則討論了話題中斷時的因應方式，但如果遇到相反的狀況，也就是聊得很熱烈，超出預期呢？

「跟上司閒聊時，不知該在哪裡結束話題。」
「對方毫不客氣地問了很私人的問題。」
「聊著聊著，對方就約我去打高爾夫，但我一點也不想去。」

閒聊的目的確實是建立關係，但不是每次都得建立緊密的關係，也會有想要保持一定距離的時候，不是嗎？

此時，第七個規則就派上用場了。

聊八分飽就結束才有禮貌

天南地北亂聊，可以帶來安心感和信賴關係。閒聊是建立人際關係的敲門磚，但充其量也只是塊敲門磚而已。

對方只是閒聊的對象，不是家人，也不是情人。就算對方是上司或客戶，也不需要聊會議或工作上的事，沒必要硬是培養深厚的感情。

閒聊就只是閒聊。

了解「閒聊也是有結束的時候」，能幫助彼此保持恰到好處的距離。這樣想，應該可以減輕你的心理壓力。

結束閒聊的正確方法，就是「做出跟前面的規則完全相反的行為」。也就是說，**盡量不聊心情、想法，減少反應，做出結論，然後離開。**以下面的對話為例。

「你們公司現在的狀況是不是不太好？」

「嗯？有嗎？」（否定對方）

「是喔，但現在好像滿慘的吧？」

「我沒聽說耶。」（不表達自己的心情）

「社長和副社長的關係好像滿糟的，不是嗎？」

「像他們那種位置的人，有各式各樣的煩惱，很辛苦。」（總結）

「嗯嗯，對啦。」

「謝謝您今天抽空。那我就先離開了。」

像這樣，逐漸降低閒聊的熱度，最後向對方道謝，然後離開。如此一來，既不會給人留下不禮貌的印象，也可以結束話題。

反過來利用閒聊的規則，就可以順利、妥善地結束聊天。

這就是第七個，也是最後一項閒聊的重要規則。

POINT

爲閒聊畫下漂亮的句點，也是重要的閒聊力。

第2章

最高閒聊法 初次見面篇

不緊張，也不害怕。

01

開始閒聊的信號

○

從「你好」起頭。

×

從「初次見面」起頭。

「初次見面，我是〇〇公司的■■■。」

「你好，我是▲▲▲。啊，我們以前見過面對不對？」

「啊，好久不見。」

碰到初次見面的人，你是不是都這樣開始？這是NG的閒聊方式。

閒聊是藉由你來我往的對談緩和情緒的行為，所以，起頭的方式也必須讓人安心。

這種時候最好不要硬邦邦地寒暄致意，拿出名片，戰戰兢兢地開啟對話。那麼，到底該如何開始閒聊呢？

正確答案是：從「打招呼」開始。

「你好，初次見面，我是〇〇公司的■■■。」「你好，我們以前見過面對不對？」「你好，好久不見。」**無論是初次見面，或是以前見過面，從「你好」「午**

安」等打招呼用語開始，可以讓談話的氣氛瞬間輕鬆起來。

「好，我們開始吧」也是暗示的一種，就像在運動比賽開始前，大家互道「請多指教」。

不過，同樣是問候，「承蒙照顧」「辛苦了」則顯得太過拘謹。

「你好」這類問候語是開啟閒聊最好的暗號，沒有特別的意思，大方地向對方傳遞閒聊的暗示。

多次提及自己的名字

以「你好」打完招呼之後，報上自己的名字「我是○○○」，也是一大重點。這樣可以提高對方記住你的臉和名字的機率。

無論是第一次見面，或是第二次、第三次，全都從報上名號開始。「你好，我是●●公司的○○○」，這就是開啟閒聊的正確方式。

就算對方尷尬地回道「你在說什麼呀，我當然記得你啊」，也沒關係，因為沒

POINT

從「你好」開始閒聊，舒服不拘謹。

有人會討厭別人問候、向自己報上名號。

而且，**先自我介紹，對方自然也會報上名字，這樣還可以順便確認對方的姓名。**

另外還有一個招式，就是跟對方說「之前可能已經給過您了」，再次遞上名片。

硬掰個理由，例如「我換部門了」「公司搬家了」，**跟對方交換名片，對方也會遞給你名片，就能順便確認對方的臉和名字。**

這是在派對中馬上可以運用、立即見效的技巧。

02

問了名字之後

○

詢問名字的由來。

×

用「我有朋友跟你同名耶」炒熱氣氛。

第一次問對方名字，是炒熱閒聊氣氛的大好時機。千萬不要放過這個機會，好好地擴展話題吧。

這種時候，反射性地從同名的朋友開始聊，就是NG的話題開啟方式。

除非是非常少見的名字，或是彼此其實是親戚關係之類的罕例，否則用「同名」這一點炒熱聊天氣氛的成功案例少之又少。

「啊，我有朋友跟你同名耶。」

「這樣啊，我的名字還滿常見的。」

「我在學生時期跟他的感情非常好呢。」

「這樣啊，眞不錯耶。」

完全不知道話要怎麼接下去，只是讓彼此尷尬至極。閒聊時應該避免這種情況。

那麼，又該如何展開話題呢？

人類有歷史，名字也有由來

以名字為題材閒聊時，建議可以從「詢問名字的由來」開始。

「您的姓氏很少見耶，請問您的老家在哪裡？」

「我在東京出生，但父親出身岡山，我的姓氏在那裡似乎滿常見的。」

像這樣從姓氏聊到老家、故鄉，越聊越熱絡的情況並不少見。

如果是常見的姓氏，如佐藤、高橋、田中之類的（編按：臺灣十大常見姓氏則為陳、林、黃、張、李、王、吳、劉、蔡、楊），可能聊不出什麼，這個時候就試著聊聊下面的名字吧。

「秀樹這個名字真不錯耶。」

「我媽媽其實是西城秀樹的超級粉絲，不顧祖父母的反對，硬是幫我取了『秀樹』這個名字。」

「請問您的名字要怎麼唸呢？」
「『たかし』（Takashi），漢字寫作卓越的『卓』。」
「還滿少見的耶。」
「我的名字常常被唸成『たく』（Taku）和『すぐる』（Suguru）。聽說我爸媽當初很堅持名字一定要是單名、八個筆畫、唸起來爲三個音節。」

聊名字可以越聊越深入。名字有那個人的獨特故事，是很私人的話題。

聊聊姓名的由來，自然可以拉近彼此的距離。

POINT

聊姓名的由來，適度觸及私人話題。

03

詢問對方興趣的方式

○

「你最近有迷上什麼嗎？」

×

「你的興趣是什麼？」

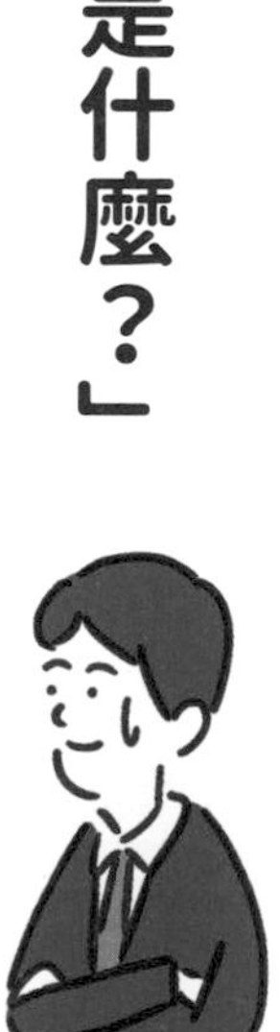

跟初次見面的人聊天時，一定會聊到「你的興趣是什麼」。聊興趣可以幫助我們更了解對方，說不定能因此找到共同的話題。

乍看之下，興趣似乎很適合拿來當作閒聊的話題，但其實難度非常高，而且危險。

想用興趣炒熱話題，這個想法本身並沒有錯。

然而，一旦丟出「你的興趣是什麼」這樣的問題，就會讓對方開始思考有的沒的。例如，「要到什麼程度，才是這個人所說的『興趣』呢？」「我好像沒有稱得上『興趣』的『興趣』耶……」

不過，**只要換個問法，聊起來的感覺就會不一樣。**

我建議這樣問：「你最近有迷上什麼嗎？」

問「興趣」可能會讓人摸不著頭緒，但是問「迷上什麼」，對方可以談自己喜歡的事物或有興趣的領域。**問題不但具體，而且不必擔心「別人會怎麼想」**。

比方說，有朋友一年會來約你去爬一次山、偶爾聽聽古典音樂、一時興起跑去逛雜貨小物店……像這種日常生活中「愉快的事物、時間」，全都可以是「最近迷上的事物」。

不回答真正的興趣也沒關係

相反地，當對方問「你的興趣是什麼」時，該怎麼辦才好？

大家都會有不想跟第一次見面的人聊興趣的時候，對不對？如果對方草率回應，例如說「好奇怪的興趣喔」，可能會讓你感到不愉快。

但請放心，因為你不需要回答「真正的興趣」。

其實這個問題不是在詢問你的興趣，**對方並沒有想太多，只是想開個話題而已**，所以隨便回答就行了。

就像前面提到的，只要從你最近迷上的事物當中選一個來說就好；想不出來的話，就講講你週末做了什麼，或是這個禮拜的行程。

「稱不上是興趣，但我上個禮拜開車去箱根兜風。」
「雖然不是很頻繁，但我下禮拜剛好打算去看足球比賽。」

前者有機會從「箱根」「兜風」、後者可以從「足球」「觀賞運動賽事」這些地方擴展話題。這比聊專精的興趣更能炒熱氣氛。

閒聊時，不必正面回答別人的問題。

總之，先把話題球打回去，讓對話你來我往地持續才有意義。

POINT

聊到興趣時，說說上個週末和這個週末的事。

04

聊共同的友人

○

尋找共同興趣。

×

尋找共同友人。

跟第一次見面的人聊天時，有時會尋找共同友人當作聊天的話題，例如下面的對話。

「請問您住哪兒？」

「我住●●市。」

「喔喔，真的嗎？我之前有朋友也住那裡耶！」

「是喔……」

「啊，不過您應該不認識他。嗯……請問您在哪裡高就？」

「▲▲公司。」

「是喔！我大學專題研究的前輩在業務部，他姓高橋，您認識他嗎？」

「我不認識耶。」

「這樣啊，畢竟你們公司很大……」

「嗯嗯……」

像這種關係淺薄的共同點，大多很難聊下去；就算真的找到了共同點，聊了起來……

「高橋？該不會是那個高中和大學時代都在橄欖球隊的高橋吧？」
「對對對，就是那個高橋。眞懷念耶，他過得好嗎？」
「不久前升任業務部長了喔，最近孩子也出生了呢。」
「眞是恭喜耶。」
「聽說他爲了剛出生的孩子，在市區買了一間獨棟房子。」
「好厲害喔。是什麼樣的房子啊？」
「聽說是滿高級的豪宅喔。」

乍看之下，雙方聊得和樂融融，其實卻沒有交點。為什麼會這樣呢？

因為，**他們一直聊高橋，完全沒談到彼此的事。表面看起來聊得很愉快，卻無法進一步加深彼此的關係。**

不要聊別人，聊聊彼此

共同的友人畢竟還是「別人」。以橄欖球隊的共同友人作話頭不是不行，但必須在適當的地方，把話題帶到彼此身上。

比方說，針對橄欖球隊的友人聊了一陣子之後，可以把話題換到觀賞運動賽事上，例如：「你有在看橄欖球比賽嗎？」

或是從「他的小孩最近好像出生了」這個話題，延伸到「〇〇你有小孩嗎」「我外甥最近開始學空手道」，試著擴展話題。

利用出現在對話中的關鍵字開啟新話題，盡可能把焦點轉移到自己和對方身上，才是真正的閒聊力。

POINT

聊再多共同友人的事，也無法加深彼此的關係。

05

挑選話題的方法

○

請對方講講你不知道的事。

×

聊彼此都知道的事。

「你有在看足球之類的比賽嗎？」

「沒有耶……啊，那個咖啡好像很好喝。」

「我不太喜歡喝咖啡……嗯……請問你是哪裡人？」

「神奈川。」

「喔，這樣啊，我是滋賀……」

「這樣啊。」

跟不熟的人聊天就像這樣。彼此不斷提供話題，努力想找出共同點，卻怎麼也找不到交點，好尷尬，彷彿身處地獄般難受。

其實，閒聊的時候，「有沒有共同點」一點也不重要。

假設你知道對方喜歡塑膠模型，但你對塑膠模型完全沒有概念。

請不要放棄，因為這是讓閒聊熱絡起來的大好機會。

「其實我很迷塑膠模型……」

「是喔，我對塑膠模型一點也不熟，如果問了笨問題還請見諒。你從以前就很喜歡塑膠模型嗎？」

「從小學的時候就很喜歡。」

「哇，是喔！現在也常常組模型嗎？」

「對啊，週末幾乎都把時間花在那上頭。」

「哇！那眞的很迷耶。這個週末也是玩模型嗎？」

「對呀。其實下個月有個大型活動……」

從這段對話應該看得出來，雖然一開始「我一點也不熟」中斷了話題，但接著問了非常簡單的問題後，對方就會自己越講越多。

詢問對方「過去」「現在」和「未來」

讓我來告訴各位，如何藉由請對方說明你不知道的事繼續提問，以延伸話題。很簡單，就是把焦點放在「過去」「現在」和「未來」。

①過去　「從以前就很喜歡嗎？」「從什麼時候開始學的啊？」

②現在　「現在也很常做嗎？」「最近有什麼推薦的嗎？」

③未來　「這個週末也是嗎？」「下次有想參加的活動嗎？」

像這樣，按時間順序問問題，話題就會不斷延伸。

尤其是「①過去」，是很好用的開頭問題；詢問「②現在」，縮短彼此的心理距離；詢問「③未來」，則可以順利銜接到下一個話題。

今後就算對方丟了一個你不懂的話題，也不要感到困擾，反而要覺得開心，請對方講給你聽吧。

POINT

請對方講講你不知道的事，就可以越聊越熱絡。

06

共同話題

○

先讓對方說話，觀察情況。

×

馬上主張「我也是」。

「我很喜歡去野外音樂祭。」

「真的？我也很常去耶。」

「喔，是喔，嗯……」

「我最近去了○○和●●。啊，真的超讚的。」

因為找到共同話題太開心了，便滿口「我也是我也是」，興奮地講起自己的事；如果是初次見面，更是如此。不過，這可以說是糟糕的閒聊。

因為，**你剝奪了對方說話的機會**。

對方明明想聊自己參加音樂祭的經驗，話題卻不知不覺偏掉了。當自己有興趣的話題被搶走，沒有人開心得起來。

所以，找到彼此的共同點時，要先忍住，像下面那樣，去話題給對方。

「你什麼時候開始迷上音樂祭的啊？」

「音樂祭，真不錯耶。活動應該是夏天的時候最多吧？」

這才是真正的閒聊力。

隨時保持好奇心，多問「那你呢？」

雖說如此，好不容易找到共同話題，當然也想講講自己的事，對不對？只問不說，最後應該會覺得焦躁、厭煩。「啊～～好想告訴對方我也喜歡。」「想要一起嗨！」這不是閒聊應有的心理狀態。

而且，裝作自己沒興趣，一直讓對方說，等對方講完之後才坦承「其實我喜歡」，會讓對方大吃一驚。

所以，這個時候可以這樣反應：

「喔，我也是！　＋　然後呢？然後呢？」

向對方傳達這裡是雙方的共同點，但依舊把對話交給對方主導。

如此一來，對方在講完話之後，應該就會把話題的球丟給你：「啊，不好意思，都我在說。你喜歡哪個樂團或歌手呢？」

對方先讓你暢所欲言的時候也一樣，**務必把主導談話的棒子交給對方，「那你呢？」**

閒聊是兩人三腳的協同合作。不讓某一方一直說、另一方一直聽的情況出現，才是超級閒聊力的奧義。

POINT

別人開的話題就讓別人講，不要當話題小偷。

07

聊喜歡的事情時

○

訴說彼此的「喜好」。

×

陳述彼此的「意見」。

你有沒有過這樣的經驗？明明沒有想得罪人，但不知為何，聊著聊著便爭論了起來。

「我前幾天第一次去了拉麵Z郎。」
「Z郎很受歡迎，但我覺得拉麵的味道普普。」
「會嗎？我覺得滿好吃的啊……」
「不，拉麵還是醬油口味最好吃。」
「是嗎？不一定吧。」
「不不不，說到拉麵啊……」
「……」（已經不想再說了）

這時你心裡可能正後悔著「早知道就不聊什麼拉麵了」，但明明是閒聊，對方卻一開始就否定你，開始大談什麼才是拉麵，完全違反了規則。像這樣硬要對方接受自己的意見，想說服對方，是NG的閒聊方式。

閒聊時，應該要說「沒有理由的喜好」，而不是「主張強烈的意見」。

「我前幾天第一次去了拉麵Z郎。」
「喔，你喜歡重口味啊？」
「我平常不吃這麼重的口味，但那個時候就突然好想吃。」
「我懂我懂，不過醬油口味也很不錯。」
「對啊，也很不錯。」

像這樣輕輕鬆鬆聊著彼此的「喜好」，才是閒聊應有的樣子。

因為喜好沒有所謂的「正確答案」。**正因爲沒有正確答案，閒聊才沒有輸贏、沒有你死我活。**

飲食喜好是萬年不敗的話題

飲食喜好這樣的話題，基本上不會傷害到任何人，而且容易看出對方的個性，所以我很推薦。這也是我經常使用的聊天技巧。

「討厭紅蘿蔔」「討厭小黃瓜」等等，**像孩子般聊聊彼此對飲食的喜好，是跟**

初次見面的人也可以聊得熱絡、萬年不敗的話題（但有些人可能對某些食物過敏，要留意）。

但如同最前面的例子，也有些人會開始爭辯或說起教來。聊拉麵，就提醒別人「拉麵熱量很高喔」；提到不太喜歡吃紅蘿蔔，馬上就說起教來：「你不應該偏食。」遇到凡事都喜歡講贏別人或喜歡逞口舌之快的人，該怎麼辦才好呢？正確答案是：閃躲就是贏家。

「喔，這樣啊，受教了。」
「學到新知了，謝謝！」
「的確是，你說得對。」
向對方表示感謝，然後盡可能趕快離開。

POINT

聊「喜好」，不說「好壞」。

08

自我揭露

○

稍微講講自己，
然後再拉回正題。

×

拚命問問題，
讓對方說。

閒聊時最好「讓對方輕鬆地聊自己」，但也不能做過頭。

完全不講自己的事，一直問對方問題，會讓對方感到不安。

「都我一直在講，真尷尬」「總覺得好像被刺探了隱私，好累人」，讓對方費盡心思並非好事。

聽了對方的話，如果感興趣，自然而然就會聊起自己。適度地自我揭露是很正常的。**覺得好像一直在聽對方說的時候，就試著稍微講講自己，然後馬上把談話主導權還給對方。**

「河口湖附近有個不錯的露營區。」

「河口湖那附近眞的很棒（共鳴）。我只去兜風過（自我揭露），露營感覺也很不錯耶（把主導權還給對方）。你從以前就很常去嗎？」

「對啊，第一次去應該是還在念書的時候吧。」

對方提到「河口湖」這個關鍵字時，可以聊聊你去河口湖兜風的經驗，但不要接著一直講自己的事，要把談話主導權還給對方，「去河口湖露營感覺很不錯耶」，維持這樣的平衡感。

除此之外，也可以這樣表達：**「我常常這樣～（自我揭露），你不會嗎？（把球丟回給對方）」「我最近覺得～（自我揭露），你覺得呢？（把球丟回給對方）」**

講得太開心，冷靜一下

另外，有時可能也會遇到對方自顧自地講得很開心，停不下來。

對方怎麼也不肯把談話的棒子交給你，一直聽對方講話，真是累人……想避免這種情況，最好把冷卻話題的技巧學起來。

「哇，你說的東西真有趣，時間過得好快啊。」
「講了好多，聊得眞是開心。」

像這樣正面回顧前面的對話，對方應該就會把談話的棒子交給你了。或者也可以在那個時間點接著說「謝謝你，有機會再聊」，結束話題。

比起「時間差不多了……」，若無其事地結束話題，這樣說給人的印象比較好且乾脆。把這個技巧學起來，絕對利大於弊。

POINT

閒聊的最佳比例是「三分講自己，七分給對方說」。

09

肢體動作

○

大動作的肢體語言。

×

不知所措雙手抱胸。

覺得緊張、不知如何是好時，我們會無意識地把雙手抱在胸前。這其實是妨礙閒聊、最糟糕的肢體語言。

因為，雙手抱胸的意思是「防備」，也就是向對方傳達「不要繼續侵入我的地盤」的訊息。

此外，雙手抱胸，身體自然沒辦法動。這就像是面無表情地聽別人說話，會讓對方覺得非常難受。

那該怎麼做才好？

我有個原則：**跟別人說話時絕對不雙手抱胸，然後有意識地邊說邊做手勢。**

例如，「永田町是在那個方向吧？」邊說邊把右手往斜上方指；「我前幾天吃了這麼大的漢堡排喔」，用雙手比了比大小。

當對方笑著說「你的動作真誇張耶」，你就成功了。

此外，最好也能有意識地控制眼神。

說話時最好看著對方的嘴角，這也是有理由的。

不要看眼睛，看嘴角

說話時如果不看著對方的眼睛，容易讓人感到不安，被對方認為「這個人難以相信」；但若像歐美人那樣，注視著對方的眼睛說話，有時也會讓對方感到困惑。

所以，**想要適時跟對方眼神交會，卻不帶給人壓力，看著對方的嘴角說話就是很適合的方法了。**

說到眼神，「對話途中，眼神可以移開嗎？」這也是個難題。

我自己是屬於有時會在對話途中將眼神移開的類型。比起一直盯著對方的眼睛看，有時把目光移開，可以讓聊天的氣氛輕鬆愉快。

不過，這部分可以隨喜好調整。只要不是「雙手抱胸表示拒絕」，就不必太拘泥於講話時是否直視對方。

「要注意視線」「不可以雙手抱胸」，思考太多，對方會感受到你的緊張。找到自己可以輕鬆聊天的方式，聊起來才愉快、熱絡。

順帶一提，「雙手抱胸」其實也是個策略，適合用在想疏遠對方的時候。面對不顧別人感受，不斷刺探隱私的人，可以用「雙手抱胸」來暗示你感到不愉快。

能夠透過搭腔附和、表情和肢體語言等調整彼此的距離，就是閒聊力提升的證據。

POINT

跟想保持距離的對象說話時，可以刻意雙手抱胸，表示拒絕。

10

搭腔附和

○

應聲附和對方。

×

讚美追捧對方。

為了受到男性歡迎，刻意追捧對方，是女性常用的附和技巧，例如「真不愧是〇〇〇」「你不說我都不知道」「好厲害」「你的品味真好」「原來如此」等。這樣做的理論基礎在於，讚美可以讓男性開心，最後受到歡迎。

但是，從閒聊力的觀點來看，我不太推薦這個方法。

除了「感覺很諂媚」或「可以運用的場合有限」之外，還有一個最主要的理由：**在關鍵時刻派不上用場**（笑）。

「變冷了耶。」

「我的小孩最近開始學寫程式。」

「我換了三次工作。」

對方這樣說時，恐怕很難瞬間想到要怎麼讚美對方吧？「要說真不愧是〇〇〇嗎？還是好厲害？有品味？是什麼地方有品味？」在思考要怎麼讚美時，附和對方的機會就不見了。以讚美追捧來附和對方，出乎意料地困難。

這裡我建議，以應聲附和取代讚美追捧——也就是**利用「對啊」「不錯耶」「嗯嗯」「咦」「喔喔」等語助詞和感嘆句。**

應聲附和比讚美追捧簡單

「變冷了耶。」
「對啊，眞的耶。」

「我的小孩最近開始學寫程式。」
「喔喔，寫程式！」

「我換了三次工作。」
「咦，換了三次嗎？」

對方說話時，**就先「對啊」同意對方，然後「不錯耶」表示同理，「嗯嗯」表達你在思考，「咦」表示吃驚，「喔喔」表示讚歎。**

聽起來好像很假，但只要這樣做，就可以讓對方感受到「別人對我講的東西有興趣」。

這項技巧不但馬上可以拿出來用，也能自然地讓對方對自己抱有好感，「覺得跟這個人很合」。習慣這個方法之後，可以試著加上瞪大眼睛、拍手等動作。

與其思考要怎麼漂亮地誇讚別人，不如先應聲附和。這個技巧也可以讓你大受歡迎。

POINT

與其讚美追捧，不如應聲附和。

11

麻煩話題的因應對策

○

說「謝謝」，然後結束話題。

×

「那應該不太對吧」，反駁對方。

有些人明明是第一次見面，卻擺出說教的姿態，強迫別人接受自己的想法。這個時候該怎麼因應比較好？

「我接下來要說的，聽起來可能像在反駁……」

「您說得對，但是……」

遇到這種狀況，就會忍不住想要反駁，但最好不要這麼做。

因為**你一反駁對方，就會沒完沒了**。反駁可能會點燃對方的好勝心，等戰火越演越烈，後悔也來不及了。

就算說贏對方，還是很麻煩，因為可能會引發怨恨：「竟然在別人面前羞辱我！」

那麼，該如何回應才好？

正確做法是，把話題的球丟給別人，不要讓矛頭指向自己：「XXX，你覺得如何？」

這個方法適合多人閒聊的時候。就算本來只有兩個人在聊天，也可以叫住路過的人，把他人拉進對話，增加夥伴。

如此便能避免陷入最糟糕的局面。

不過，如果你想結束得更漂亮，**建議以感謝結束對話，例如：「今天很謝謝您。」**

沒有人被道謝了還會覺得不開心，「謝謝」可以讓對話和平結束。

用「謝謝」強制結束對話

不會有人在別人向自己道謝之後，還「話說，我的想法是……」繼續往下講。「謝謝」是萬用金句，就算有話還沒說完，也可以結束對話。

另外還可以記住一個句子，跟「謝謝」搭配使用：「下次再麻煩您了。」

如果對方相當難纏，聽到「今天很謝謝您」之後還想繼續說，只要加上「下次再麻煩您了」，就可以結束對話。

這個技巧可以用在覺得跟這個人聊膩了，或是談話頻率一直對不上，想逃跑的時候。歡迎多加運用。

POINT

遇到棘手話題，就謝謝對方，結束對話。

12

心態

○

純粹實踐社交技巧。

×

變身爲活潑開朗的角色。

個性活潑開朗，善於交際；對別人充滿興趣，聊得非常熱絡——試圖讓自己變成「活潑開朗的角色」，是錯誤的閒聊方法。

改變性格，沒那麼簡單。

只要把相關技巧學起來，不必變成擅長交際的性格，也可以跟人輕鬆自在地閒聊。即使是怕生的「陰沉角色」，也能習得閒聊力。

問題不在性格，而是技巧優劣，只要養成習慣就好。

以搭電梯時剛好跟別人一起搭乘，問問對方「你要到幾樓？」這件事為例吧。這句話能否說出口，就是提升閒聊力的關鍵。

不需要跟那個人培養感情，只要禮貌性地打個招呼，幫對方按下電梯樓層的按鈕就可以了。一開始可能會很緊張，久了之後，就會漸漸習慣。

覺得幫別人按電梯難度很高的人，可以試著在便利商店或餐廳店員說「謝謝惠顧」時，回一句「謝謝」再離開。不需要爽朗地回應「哪裡哪裡，我會再來的」，只要一句「謝謝」就夠了。

像這樣，**適時回應、隨便跟不認識的人講幾句話，便能漸漸學會如何自然地持續對話。**

不受歡迎的陰沉角色，最終走向何方？

我在學生時期的個性相當陰沉，冷漠且自尊心高。想當然，一點也不受歡迎，是那種哪裡都能見到的年輕人。

讓我印象非常深刻的是，我雖然在餐飲店打工，卻連一句簡單的「歡迎光臨」都說不出口。當時的我自我意識過剩，覺得那種話說起來令人害臊，不知道怎麼做才能脫離那樣的狀態。

朋友告訴我「習慣就好」，我卻覺得那是騙人的。然而，實際出了社會後，跟陌生人接觸的機會增加，習慣跟不認識的人說話之後，我便了解到，習慣可以讓閒聊力達到一定水準。溝通，其實沒有想像中那麼困難。

順帶一提，我的個性是否因此變得開朗呢？答案是並沒有。我依舊很內向、很陰沉（笑）。

這裡再強調一次：你不需要改變性格。

你只需要「技巧」和「養成習慣」。只要精通閒聊的技術，任何人都能成爲聊天高手。

POINT

不需要變得活潑開朗，只要養成習慣就好。

第3章

最高閒聊法
熟人／聚會篇

與人相處輕鬆又自在！

13

別人找你商量煩惱時

○

「這樣啊……」

同理對方。

×

「我跟你說……」

給對方建議。

「我家小孩每次到了上才藝課的時間，就會突然說『我想上廁所』或『今天身體有點不舒服』什麼的。」

「喔，我跟你說，我們家小孩大概五歲之前也是這樣，但現在不會了。你不用跟他太認真啦。」

「啊，嗯，唉，你說得沒錯啦……」

閒聊時切忌給人意見。

「有件事情一直困擾我……」「我最近很煩惱」，這類乍看之下像在商量煩惱的對話，很常出現在閒聊當中。

但大部分時候，對方只是希望別人聽自己抱怨而已。

如果給對方意見，把問題解決掉，對話很快就結束了。「我明明還有很多話想說」，對方的壓力會持續累積。

有時，對方可能會重複一樣的話：「對啦，是那樣沒錯啦。」於是，提供意見的那一方也會覺得有壓力：「什麼嘛，我明明給了這麼好的方法。」

結果，對任何一方來說，無論是提供意見或接受意見的，都一點好處也沒有。

而且，**別人來找你商量煩惱時，心中其實已經有答案了，這是再簡單不過的常識**。就算對方直接講明「我有事想跟你商量」「想聽聽你的意見」，也最好觀察一下，至少說三次「這個問題好難耶」「這真的很讓人煩惱耶」之類的話來閃避問題。

語尾加上語助詞，聽起來充滿同理心

別人來找你抱怨或商量時，展現同理心，讓對方覺得你懂他，這才是眞正的閒聊力。

「我家小孩每次到了上才藝課的時間，就會突然說『我想上廁所』或『今天身體有點不舒服』什麼的。」

「眞的喔。」

「討厭的話直說就好了，眞的很讓人困擾。」

「我懂我懂。」

「但我老公卻一派輕鬆，說什麼『想讓小孩快樂成長』。」

「是喔。」

不要想太多，不做任何評價，只要回應「真的喔」「這樣啊」「我懂」就好。

如此應該可以讓你獲得好評，讓別人覺得你這個人「很好聊」「很合得來」。

另外，在語尾加上語助詞，可以讓你的回應聽起來充滿同理心。

×**「不要理他。」**　○**「不要理他就好了喔。」**

×**「我不擅長。」**　○**「我不太擅長耶。」**

×**「不是那樣。」**　○**「應該不是那樣吧。」**

這個技巧也請務必試試。

POINT

運用「我懂」「真的喔」和語助詞，讓人覺得你很好聊。

14

讓人安心的說話方式

○

先把話說清楚。

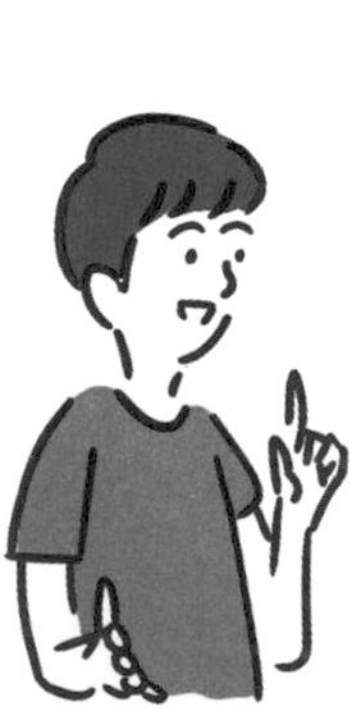

✕

倉促地說起話來。

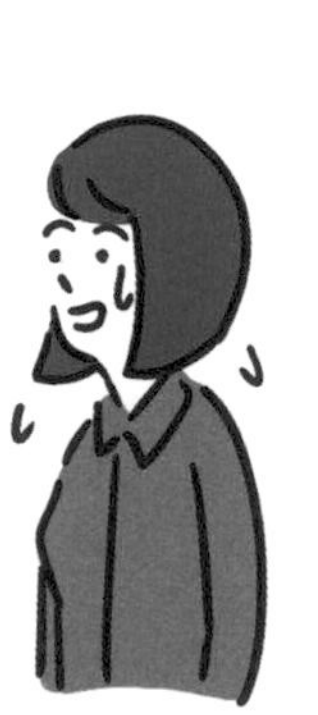

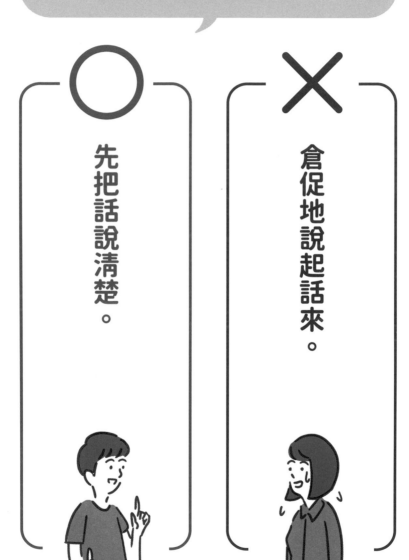

明明是漫無目的地閒聊，對方卻期望有令人信服的明確結論。跟這種人聊天時，必須下點工夫。

輪到自己發言時，想到了不錯的話題，但是沒有結論。這個時候該怎麼辦？

想先找出結論再開始說，卻遲遲開不了口，聊天的氣氛越來越冷。

雖說如此，想都沒想就倉促地說起話來，之後會很辛苦。希望在聊天途中找出結論，但期望落空，話題一下往東、一下往西，沒有個方向。

其實，有個方法可以輕鬆避免這種情況，那就是開門見山講清楚。

「我想說的東西一點結論也沒有，可以嗎？」

很神奇的是，這樣講，沒有人會回道「請不要說沒有結論的話題」。大部分的人都是笑著說「歡迎歡迎」，而且就算沒有結論，也能笑咪咪地接受：「還真的沒有結論耶。」

對一開始就宣告沒有結論的那一方而言，講起話來沒壓力，可以說得順暢，最後說不定也能和其他人一起找到話題的終點。

「很芝麻小事的話題。」「非常無聊的話題，可以嗎？」這樣事前宣告也有相同的效果。

「爆雷」可以讓對方安心

先透露結局，亦即「爆雷」，這個話術能應用在各種閒聊的場合。

比方說，閒聊時可以這樣開頭：

「我想講個眞實發生在我們公司人資身上的恐怖故事，可以嗎？」

「你要聽聽我老家的狗狗做的蠢事嗎？」

對聽的那一方來說，比起什麼都不曉得，知道結局比較放心。不知道話題的走向為何，不曉得該笑，還是該擔心，會讓人覺得有壓力。做好某種程度的心理準備，心裡也比較有餘裕，即使話題有點無聊，也能體諒。

相反地，「有件還滿好笑的事」「之前遇到一件超好笑的事情」，這種會讓對方過分期待的話最好避免。

POINT

先把話說清楚，讓彼此放心聊。

15

有畫面的說話方式

○

使用綽號和專有名詞，例如「A先生」「鎌倉」。

×

使用指示代名詞，例如「那個人」「那個地方」。

「前幾天啊，我在路上巧遇前男友。」

「啊啊……是在證券公司上班那個前男友？」

「不是不是，是三年前左右交往，在服飾業上班那個。」

「啊，是那位啊！」

「他啊，跟我認識的女生在一起，而且那個地方，還是以前他跟我一起去過的咖啡廳。那間咖啡廳啊，我從以前就很常去，因爲離公司很近。」

「嗯……你那個前男友，是在哪裡上班啊？」

「就是……」

遇到這種情況，是不是讓你感到很煩躁？登場人物眾多，而且稱呼曖昧，「前男友」「我認識的女生」「那間咖啡廳」等，聽者無法掌握全貌。

這種讓人很難懂的話題，聊起來很痛苦。

為了避免陷入這種狀況，**閒聊時，應該盡可能避免出現「這個」「那個」等模糊不清的指示代名詞。**

為登場人物準備名字和照片

「前幾天啊，我在路上巧遇前男友。」

「啊啊……是在證券公司上班那個『證券男』？」

「不是不是，是三年前左右交往，在服飾業上班那個。」

「啊，是那位啊！那個『服飾男』怎麼了？」

「那個服飾男啊，跟我認識的女生在一起。」

「那個女生叫什麼名字？」

「里美。」

「嗯嗯，里美。」

「而且那個地方，還是以前他跟我一起去過的咖啡廳。那間咖啡廳啊，我從以前就很常去。」

「而且是『充滿回憶的咖啡廳』對不對？」

「對，在那間『充滿回憶的咖啡廳』啊，里美和服飾男看起來好像很甜蜜。」

像這樣，**聊別人不認識的人時，盡可能帶上名字。**不方便說本名的話，就隨興地幫登場人物取個綽號吧。

另外，利用桌上的杯子或調味料罐，排出登場人物的關係圖，不但好懂，也更具體，非常推薦。

如果可以，秀一下登場人物的照片，這樣對方比較不會聽膩。

這個技巧非常適合用在多人閒聊，只有其中一人不知道登場人物是誰（私事）的時候，或是聊自己喜歡的偶像、藝人和運動選手時。

有別於一般的對話，閒聊時，請花更多心力在「好懂」「具體」「有畫面」這些「讓人聽得懂的技巧」上。

POINT

說話時沒有畫面，別人很快就聽膩了。

16

容易回答的問題①

○

問對方：「你做了什麼特別的事嗎？」

×

問對方：「你有什麼特別的堅持嗎？」

「你有什麼特別的堅持嗎？」

「你在什麼地方有特別的堅持？」

詢問對方熱中的事物、講究之處，可以炒熱話題，因為這話題聊起來絕對充滿熱情。

不過，我們應該避免問別人有什麼「堅持」，因為**「堅持」跟「興趣」一樣，是很難使用的詞。什麼樣的程度稱得上「堅持」？每個人的定義都不同。**

大部分人被問到有什麼「堅持」，都會變得吞吞吐吐，「沒有啦，稱不上什麼堅持……」「我沒有什麼講究……」

而且被別人說「你真是講究耶」，有些人會覺得自己被瞧不起。

不過，當眼前的人似乎願意聊他熱中的事物時，我們該怎麼提問才好？

不要問「堅持」，問「習慣」

跟聊興趣的時候一樣，提出具體的問題，對方才好回答。

「你的皮膚好好喔，有特別做些什麼嗎？」

「其實我最近迷上了蔬果汁。」

「喔，是什麼樣的蔬果汁？自己做的？還是外面買的？」

「我是……」

「您高爾夫球打了二十年，有什麼持續的祕訣嗎？」

「嗯……我都用好球桿。」

「喔，原來是這樣。用起來如何？果然有差？」

「啊，也不是，我最近新買的球桿啊……」

如前面的對話例子，應該問「習慣」，而非「堅持」。

相反地，如果被問到「你有什麼堅持嗎」，最好接著說：「雖然說不上是什麼堅持……」「沒有什麼特別的耶。」避免對話中斷。

從「想要開啟什麼樣的話題」出發，問問自己：「你平常都做些什麼？」「有什麼特別的習慣嗎？」試著回答看看吧。

用「過去、現在、未來」回答／詢問「興趣」。

用「習慣」回答／詢問「堅持」。

這兩點都是讓對話順暢不間斷的鐵則。

POINT

問「習慣」比「堅持」好回答。

17

容易回答的問題②

○

「如何？」
詢問狀況和心情。

×

「爲什麼？」
詢問原因。

有個我覺得不太好的聊天方式，就是問別人：「為什麼？」

「前幾天我搭電車時不小心睡過頭，坐到終點站去了。」
「你怎麼會睡過頭啊？」
「咦？啊，嗯……可能有點喝多了吧。」
「爲什麼喝那麼多？」
「爲什麼啊……好久沒跟學生時期的友人喝酒，一不小心就……」

提問的那一方沒有惡意，就是有興趣才會問這麼多。但是，被問的那一方卻因為沒辦法回答清楚，而覺得有壓力。

話題斷斷續續，聊不到真正想聊的，最後聊不起來，有一搭沒一搭的。

被問到原因時，人的心情會瞬間冷卻，因爲思考「爲什麼」，讓頭腦冷靜了下來。所以，「為什麼」這種問題非常不適合用在交流心情的閒聊上。

比方說，你們在聊討厭的食物，你說「我不喜歡吃青椒」，結果對方問你：「為什麼不喜歡呢？」是不是很讓人困擾？

大部分人應該都會結結巴巴地說：「嗯，沒有什麼特別的原因耶……」然後拚命思考為什麼吧。**這個「思考」的過程，是閒聊的大敵。思考得越多，講的話就越少，聊天的氣氛就會越來越沉重。**

另外，**問「爲什麼」聽起來有點批評的意味，不是很好**，感覺跟母親斥責調皮的孩子「你為什麼要這樣!?」很像。被問「為什麼」的那一方會覺得「嗯？有什麼不妥的嗎？」而感到不安，這也是另一個閒聊時不適合問「為什麼」的理由。

問「How」，不要問「Why」

「彼此不要想太多，讓對話持續下去」是閒聊的重點。

所以，**提問時記得要問「How」（如何），不要問「Why」（爲什麼）**。

比方說，前面提到的「不小心睡過頭，坐到終點站去了」，可以改問：「一次都沒有醒來嗎？」「你醒來的時候是不是嚇到了？」

至於剛才「討厭青椒」的話題，如果是問「有多討厭」，可以讓話題不斷延伸，對方可能會回道：「就算切碎了還是會發現。」「熟的話還好，生的例如沙拉，就真的不行了。」

明明想要炒熱聊天的氣氛，卻因為一直問「為什麼」，使得聊天氣氛變冷，被對方認為是麻煩的人。為了避免那樣的悲劇，請盡可能讓「為什麼」減至最少。

POINT

「How」讓人敞開心胸，「Why」讓人關起心門。

18

炒熱氣氛的說話方式①

○

描述氣氛。

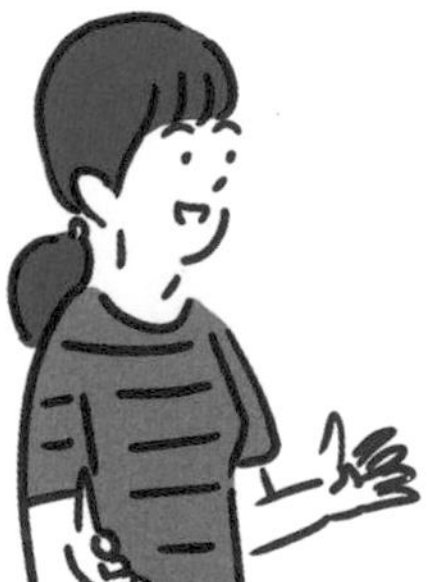

×

陳述事實。

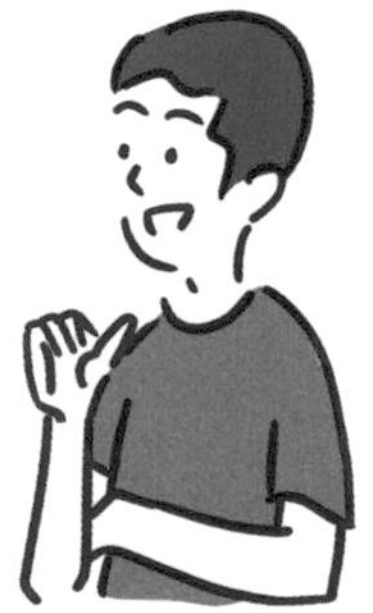

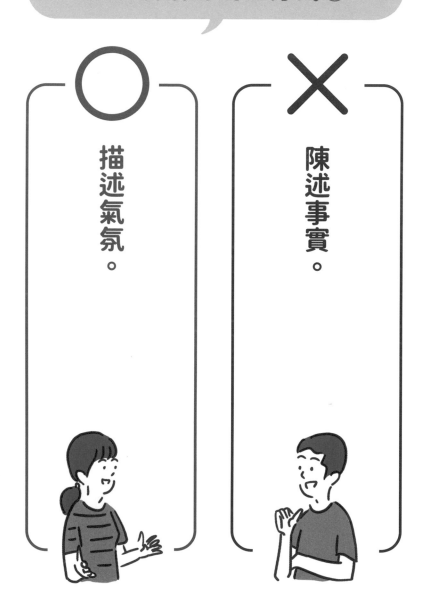

假設朋友約你去一間他覺得「很好吃」的餐廳，但實際去吃過之後，你覺得「還可以，沒有到非常好吃」。

幾天後在聚會的場合上，聊到那間餐廳，朋友問你：「那間店如何？」你會怎麼回答？

這個時候，老實回答「很普通」，不是閒聊時應有的回覆。

即使你認為「如果其他人去了大失所望，就太可憐了，應該傳達清楚」，也不需要那麼追求正確性。

在這種場合，只要配合對方回答「好吃好吃」就好。這樣做，你才不會失去朋友。

而且，餐點好不好吃，會因為身體狀況、一起用餐的對象而有所不同。既然東西好吃與否這麼模糊不清，含糊回答才是正確的做法。

反過來說，沒辦法含糊回答的事情，就不應該拿出來當話題聊，例如受災人數、公司業績，或是孩子的補習班成績等等。

敏感議題、非黑即白的話題，都不適合拿來閒聊，請盡量避免。

碰到聽不懂的詞，感受聊天的氣氛就對了

有時，在閒聊的場合會出現聽不懂的字眼。比方說，跟學生時期的朋友久違的聚餐上，出現這樣的對話。

「最近，我老闆對ＫＰＩ很囉嗦，有夠煩的。」

「我懂！我家小老闆也是開口閉口ＫＰＩ，弄得大家雞犬不寧。」

就算你聽不懂「ＫＰＩ」（為達成組織目標，用來衡量績效的重要指標）是什麼意思，只要適時附和對方，就是正確的閒聊策略。

因為，討論ＫＰＩ不是閒聊的目的，**跟別人分享「覺得ＫＰＩ很麻煩的心情」**

才是真正的目的。

而且，當話題似乎走向嚴肅的職場煩惱時，你還可以招認「不好意思，KPI是什麼啊？我剛才其實聽不懂你們在說什麼」，逗大家笑，讓話題回到適合閒聊的氣氛。

POINT

閒聊重視氣氛，不必拘泥細節。

19

炒熱氣氛的說話方式②

○

「不錯耶！」
除了讚美還是讚美。

×

抓準時機吐槽。

為了炒熱聊天氣氛而瘋狂吐槽對方，是閒聊的錯誤示範。

比方說，當對方表示「我喜歡古典音樂，尤其最愛蕭邦」時，開不正經的玩笑試圖製造愉快氣氛：「蕭邦聽起來很像『肖ㄟ』（譯注：臺語「瘋子」之意）。」「Classic，很高級喔。」

很可惜，這種玩笑別人大多沒反應。在錯的地方努力，反而會讓談話出現尷尬的冷場。

多虧了搞笑的風潮，大家都知道什麼叫吐槽，但吐槽是非常有難度的技術，普通人是模仿不來的。如果失敗了，可能會被評為「冷場王」。

那該怎麼辦才好？

如果有時間想無聊的玩笑，不如養成「讚美」的習慣。讚美可以讓聊天的氣氛變得熱絡。

「我啊，很喜歡古典音樂。」

「喔喔，古典音樂，眞不錯耶。雖然我完全不懂古典音樂，但你喜歡哪一首曲子呢？」
「很多耶，我最喜歡蕭邦的夜曲。」
「哇，曲名好美喔。那是什麼樣的曲子呢？」
「喔，你要聽我說嗎？蕭邦他啊，眞的是個天才……」

「讚美」是最有效的反應

「不錯耶」「眞棒」「好酷喔」「好厲害」……只要是讚美，什麼都可以，就算聽起來很膚淺也沒關係（笑）。

只要讓對方知道「我對你說的話有好感」就可以了。所以，即使誇的方向有點怪，也能炒熱氣氛。

「我最近喜歡到處去吃拉麵。」
「喔喔，感覺很酷耶。」
「咦，很酷嗎（笑）？總之呢，我現在很喜歡……」

比起開奇怪的玩笑或搭腔，只要想辦法讚美，對方自然會想繼續講下去。

「聽起來很假」「不想說假話」，不要大舉正義的旗幟，先做出表示好感的反應吧。

因為，閒聊是所謂「正向的心情交流」。

POINT

「好厲害」「好可愛」，什麼都好，多讚美就對了。

20

說話的節奏

○

利用封閉式問題創造節奏。

×

利用開放式問題加大廣度。

「封閉式問題無法讓話題延伸，因為對方只要回答『是』『不是』，話題就結束了。想擴展話題，最好要問無法回答『是』『不是』的開放式問題。」

這是坊間書籍中常見的話術鐵則。

然而，在閒聊的場合，**一開始就問開放式問題，可以回答的方式太多，對方不知道該怎麼回應，反而會讓話題變得尷尬沉悶。**

比方說，**「你最近好嗎？」**就是個典型的例子。

對提問的那一方來說，開放式問題很好用，從職場到私生活，可以應用於各種不同的場合。但真的被問到時，這卻是個讓人困擾的問題。

「你最近好嗎？」上司這樣問時，你應該會覺得很迷惑吧？他是在問工作進度，還是跟工作無關的事？或者，這其實是說教的起手式？

開放式問題會讓人疲於尋找答案，對方最後也只能回答「嗯，還可以」「努力中」這類曖昧不清的答案。

這應該也是運動比賽結束後選手受訪時常見的光景。

提出具體問題，對方才比較好回答

比方說，**「工作順利嗎？」**就比「你最近好嗎？」容易回答。

「嗯嗯，順利順利，我現在負責一個大案子。」

「工作很順利，但私生活就有點……你願意聽我說嗎？」

因為問題很具體，是在問工作，所以很好回答。而且除了工作，這樣問也能擴展話題，把話題帶到其他想講的事情上。

閒聊重視對話的你來我往，尤其又以開頭布局的節奏最爲重要。

如果不小心問了含糊不清的問題，馬上補個一句，讓對方好回答。舉例如下。

「你最近好嗎？ ＋ 你現在的公司是在丸之內嗎？」

「你週末做了什麼？ ＋ 例如上個週末？」

「好久不見，最近好嗎？ ＋ 身體都還好嗎？」

閒聊的規則就是，要問「對方好回答的問題」，而不是「自己好問的問題」。

POINT

布局重視節奏，要問對方好回答的問題。

21

被人誇獎時

○

被誇獎時，大方道謝。

×

被誇獎時，表現謙虛。

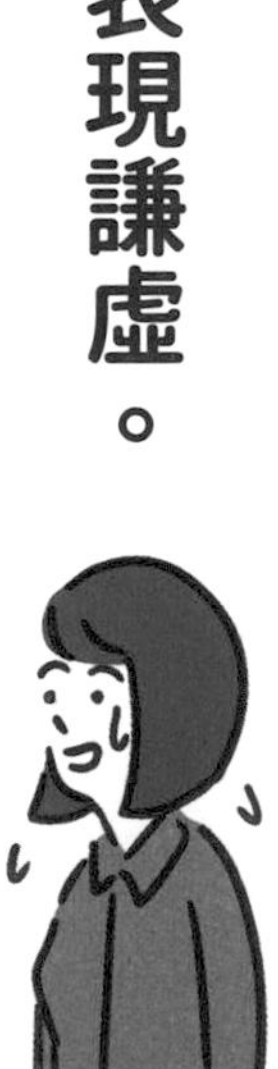

有些人會以讚美作為閒聊的開頭，這種時候，怎麼回應才正確？

「好漂亮的洋裝喔。」

「沒有啦……」

「你表現得眞好。」

「沒有，這沒什麼啦……」

面對別人的稱讚，像這樣謙虛回應是NG的，因為**對話會因此中斷**。

而且，誇獎人的那一方其實也只是禮貌性地讚美而已。

沒必要以「沒有啦」否定，或是謙虛地回應「哪裡哪裡」或「您的表現比較活躍」，那樣也太辛苦了。

那麼，該如何回應才好？

正確的做法是，大方接受讚美，向對方道謝。

就算只是場面話，當別人回以感謝時，沒有人會覺得不愉快。

利用「加一句」擴展話題

習慣接受別人的讚美之後，接下來就試著用「加一句」擴展話題。

比方說，**「謝謝。　＋　我很喜歡這件罩衫，有三件同款不同色的。」**這樣回應不僅不會覺得那麼難為情，對方也可以繼續問「你是在哪裡買的」，創造新的話題。

碰到對方誇讚你的學歷、外貌、工作表現之類的情況也一樣。比方說：

「你是〇〇大學畢業的？好厲害喔。」**「謝謝。　＋　我高中的時候是個書呆子，滿用功的喔。」**「看不出來耶。」

「你的皮膚真好耶！」**「謝謝。　＋　我每天晚上都擦超級保濕的乳霜（笑）。」**「是什麼樣的乳霜啊？」

而且，如果對方不是閒聊，而是在挖苦諷刺，**「謝謝」也是非常厲害的回嗆**

句。

「真好，你工作這麼輕鬆，薪水卻這麼高。」「謝謝。真的耶。」

「你老公很會賺錢，日子過得真是舒服。」「謝謝。真的很感謝我的好老公。」

「謝謝」方便又實用，歡迎多加利用。

POINT

「謝謝」是進可攻，退可守的無敵金句。

22

讚美別人時

✕

「你是不是……？」

點出事實。

○

「……真是太厲害了。」

讚美對方。

閒聊是心情的交流，對談話對象感興趣是首要之務。**仔細觀察對方，察覺變化，就可以贏得對方的好感**。然而，如何表現那個「察覺」，決定了成敗。

比方說，下面的對話應該滿常見的。

「啊，小○，這個是新包包嗎？」

「嗯，對呀，特價很便宜，我就買了。」

「……」

「……」

這是不OK的閒聊。

站在對方的立場，不OK的表現方式讓人不知是褒還是貶，不曉得該如何反應。

既然都察覺對方換了新包包，卻**只點出這個事實就結束了，實在可惜**。

而且，認為「對方察覺到改變，卻沒說什麼，覺得有點可怕」的人應該也不少。

「察覺＋不錯耶」才是完整的讚美

相反地，懂得誇獎別人的人，擅長將察覺轉換為讚美的話。

「你很常打這個領帶對不對？　＋　真好看！」
「你是不是換髮型了？　＋　很適合你耶。」
「你換新包包啦？　＋　這個顏色真的很好看耶。」

上述例子的前半部傳遞了這樣的訊息：「我有在關心你，我注意到了喔。」**後面誇獎的部分才是重點。關鍵在於能不能大方地讚美對方，例如「眞好看」「很適合你」「顏色眞的很好看」等等。**

成為閒聊高手後，甚至能巧妙地讓對方讚美自己，像是下面的例子。

「你這個是新包包嗎？」
「喔，你注意到了。會很奇怪嗎？或是還好？」

「不會啊，很好看（笑）。」

「你是不是換髮型了？」

「對啊。適合我嗎？很適合吧？快說很適合我。」

「啊，很適合很適合（笑）。」

像這樣，對方平常反應冷淡，卻很努力想跟你閒聊的話，就把對話導到正面的方向吧。

POINT

結果好，一切都好。對話也是最後一句最重要。

23

再次炒熱氣氛的方法

○

隨機應變，
視情況把話題拉回來。

×

想辦法讓話題
一直延伸下去。

任何話題都有其極限，同一個話題沒辦法一直聊個不停。如果執著於延續話題，反而是NG的閒聊。例如：

「……總之呢，桌遊眞的很好玩。」

「原來如此，眞有趣耶。」

「對啊。」

「眞是深奧。」

「你也喜歡啊，眞是太好了。」

「眞不錯。」

「對啊，眞不錯。」

「……」

「……」

彼此都很清楚，這個話題已經講不下去了，卻想不到新的，所以只好抓著眼前的話題不放，最後陷入沉默……這種情況應該很常見吧？

這個時候應該怎麼做才好？

回到前面的話題也行，重複沒關係

太過執著於話題的持續、擴展，很容易陷入沉默的窘境。**閒聊沒有所謂「一定要不斷往前延伸」的規則**，只要維持對話的你來我往，有時也可以把話題往回拉。

「……總之呢，桌遊真的很好玩。」
「原來如此，真有趣耶。」
「對啊。」
「真是深奧。」
「你也喜歡啊，真是太好了。」
「……話說，回到剛才你說的桌遊咖啡廳，那是任何人都可以去的嗎？」
「對呀，這種店越來越多，裡面就像卡拉ＯＫ的包廂。」
「喔喔，這樣啊。有機會想去看看。」
「喔，我們可以一起去呀！」

「我們可以回到剛才的話題嗎？」「剛剛有個地方我很想問」，像這樣把話題帶回剛才聊得熱絡的地方，就可以讓即將沉寂下來的氣氛死灰復燃。

婆婆媽媽在咖啡廳重複同樣的話題幾十次也不厭煩，那正是閒聊的最高境界。可見對話的內容其實一點也不重要（笑）。

無須胡亂擴展、加深話題，**有時可以回到前面，從對話的起點重新再來一次。**

把這個實用技巧記起來吧。

POINT

話題老調重彈也無妨，只要對話不中斷就好。

24

閒聊時的記憶問題

○

「我記不得了」，忘了就問清楚。

×

「好像是這樣吧」，以模糊的記憶引導話題。

對方再次聊到以前提過的事情時，出於善意去引導話題，其實是NG的閒聊方式。

「我很喜歡出國旅遊。」

「喔，我記得你很喜歡一個人旅行！」

「說不上很喜歡一個人旅行啦……不過我之前的確是一個人去美國旅遊。」

「對對對，美國。你去看了棒球對不對？」

「沒有啦，我是去看美式足球。」

「牢記對方的喜好」算是一種聊天技巧，但老實說，這真的很麻煩，因為**記不清楚又亂說，有弊無益**。

每次的反應都像第一次聽到一樣，反而樂得輕鬆。

「我很喜歡出國旅遊。」

「出國旅遊，真不錯耶！」

「去年我第一次一個人去美國旅遊。」

「喔喔，這樣啊。眞好耶。」
「啊，這個我之前是不是講過了？」
「咦，是喔？我不記得了耶。你可以再說一次。」
「這樣啊？嗯，總之那次旅遊……」

就算對方講到一半突然覺得納悶：「啊，這我之前是不是說過了？」只要你不介意，就可以跟對方說：「你可能講過了，但可以再說一次。」**如果對話是以持續爲目的，和樂融融地你來我往，記憶力好不好其實就沒那麼重要了。**

模糊的記憶會妨礙你介紹他人

另外，模糊的記憶可能也會妨礙你介紹他人。

「他任職於〇〇公司，是個正直爽朗的好青年。」
「啊，是××公司。」
「咦，這樣啊。我記得你是負責品牌行銷策略？」

「我不是負責品牌行銷，我的部門比較接近業務銷售。」
「喔，這樣啊。」

爲了避免尷尬的情況發生，最好不要以模糊的記憶引導對話。

「他是個正直爽朗的好青年喔。啊，你是做什麼工作的？」
「我在××公司負責業務銷售。」

像這樣，簡單點出對方是什麼樣的人，請對方自我介紹，提供正確資訊，不讓對方感到尷尬，才是正確的閒聊方式。

POINT

記住對方的話，不僅麻煩，風險也高。

25

被探問隱私時

○

以「一般來說」轉移話題。

×

爲避免失禮，盡可能回答。

「你跟多少人交往過啊？」
「說實話，你年收入有多少？」
「你打算生小孩嗎？」

有些人會問一些沒禮貌的問題。
如果彼此是朋友，還可以勸戒對方一下：「喔喔，你問這什麼問題啦！」「你最好不要問這種問題。」
但假如對方是親戚、公司上司等必須費點心思的人，就沒辦法這樣做了，得硬擠出點東西來回答。
不過，**那種問題如果老實回答也不對，因爲會把自己弄得不開心，而且無論你怎麼回答，對方恐怕也未必會就此閉嘴。**

「我跟●個人交往過……」
「這樣啊。你不結婚嗎？早點結婚比較好喔。」
「我的年收入是●元……」

「是喔，應該有其他更好的工作吧？」

「我們還不打算生小孩。」

「爲什麼？」

對方有可能會像這樣，繼續提出難以回答的問題。雖說如此，用問題回答問題：「我看起來像幾歲？」或是打哈哈：「任憑你想像。」未必能用在所有人身上。

惱人的問題就用一般論含糊帶過

巧妙閃躲失禮問題的正確方式，就是**「用一般論含糊帶過」**。例如：

「嗯，有多少人呢？一般來說大概是五到十人吧。」

「我這個年紀的平均年收入大概是一百二十萬到兩百萬元吧。」

「大家通常是幾歲生小孩啊？」

這樣算是回答了問題，而且也能暗示對方：「我不想談隱私。」

「年收入那樣有點少耶，我們那個時代啊……」「平均大概就是那樣啦。」「雖然說是平均，但每個人不太一樣呢。」若對方對你的回應感興趣，轉移了話題，你就成功了。

想跟對方拉近距離時，想回答的問題就老實回答。
想跟對方保持距離時，面對難以回答的問題，就用一般論含糊帶過。

這就是閒聊的鐵則。

POINT

想跟對方保持距離時，就用一般論含糊帶過。

26

營造氣氛的方法

○

像潤滑劑般緩和氣氛。

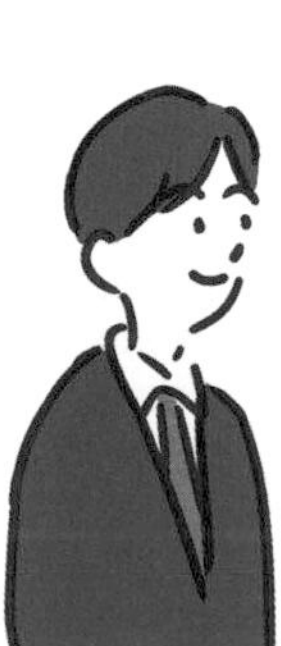

×

像主持人般掌控全場。

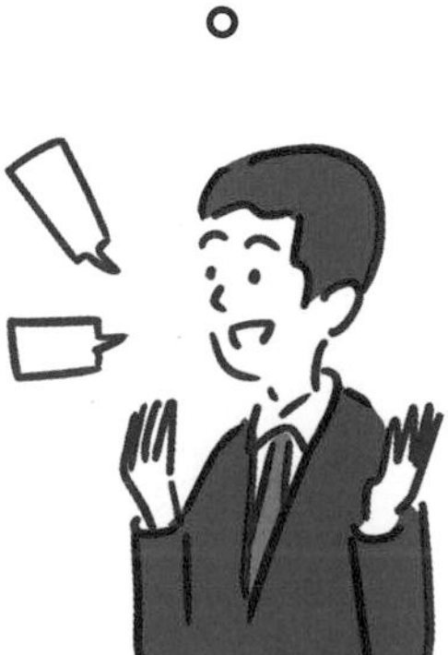

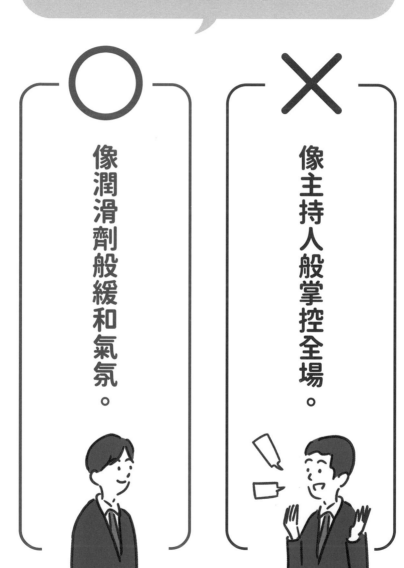

想跟那個人一樣成為閒聊高手……有這種念頭時，浮現在你腦中的閒聊高手是什麼模樣？

比方說，彷彿資深主持人般掌控全場；能照顧到全部的參與者，任何話題的應對都表現得很得體；話題豐富，無論聊什麼都搭得上話？

越是不擅長閒聊，對這種主持人類型的人越是嚮往。

但是，**想成爲閒聊高手，你不需要成爲主持人**。人有擅長和不擅長的地方，而且還有比主持人更好的角色。

我們**應該以成爲緩和氣氛的潤滑劑爲目標**。

如果是潤滑劑類型的角色，就不必拋頭露臉、講個不停，可以按照自己的步調跟人閒聊，並炒熱氣氛。

「複述字眼」比「鸚鵡學舌」簡單

如果想成為閒聊時的潤滑劑，具體來說有哪些訣竅呢？

重複對方的話，「鸚鵡學舌」，是眾所皆知的話術；**「複述聽到的字眼」則是鸚鵡學舌的簡單版，是非常好操作的技巧。**

「我最近發現一間很好吃的蛋糕店喔。」
「喔喔，蛋糕。」
「那間店在表參道。」
「表參道！」
「蛋糕上滿滿的新鮮起司。」
「起司呀。」

如何？這應該比鸚鵡學舌簡單吧（笑）。而且，對方一點也不會覺得不舒服。

只要從對方說的話當中挑出部分字眼來複述，對方就會覺得「啊，這個人對我說的東西有興趣」，聊起來更加盡興。

依據對象不同，除了「複述別人說的字眼」這個訣竅之外，有時以搭腔附和回應對方，可能更簡單。

這個方法也很適合用在夫妻之間或家庭內的對話。

POINT

閒聊高手懂得營造聊天的好氣氛。

第4章

最高閒聊法
職場／商場篇

簡短的對話，
建立起信賴關係。

27

什麼是商場上的閒聊？

○

上下關係，
像師徒般對話。

✕

對等關係，
像朋友般對話。

應該有很多人覺得，跟上司或客戶聊天，比一般閒聊來得累。

不知道說什麼才好，講話也不能失禮。雖然講一堆有的沒的不太好，但聊工作的事情也很奇怪，簡直進退維谷。

商場上的閒聊，基本架構跟一般閒聊其實沒有兩樣。持續對話、你來我往，建構起人際關係，重要的是對話過程，而非內容。商場上的閒聊也是同樣的道理。

那為什麼會感到緊張呢？因為我們根本誤解了彼此之間的關係，跳脫不了「閒聊指的是跟感情好的人隨便講講話」的印象，因而失常。也就是說，**我們想用跟朋友在一起時直來直往的相處方式，跟必須小心翼翼對待的人來往，於是產生了矛盾。**

面對上司或客戶這類地位比自己高的對象，有沒有什麼合適的方法可以稍微縮短彼此的距離，卻又保持非朋友的微妙關係？

「請指點迷津」，是商場閒聊的最佳平衡關係

採取「向對方請益」的態度，是商場上閒聊的正確做法，而非硬要對等談話。

不知道要以什麼樣的心態跟上司或客戶閒聊，才會越聊越尷尬。這個時候，就率先開始進行**「老師和學生的角色扮演」**吧。

比方說，**「我最近有個煩惱。」**先稍微自我揭露，然後聊聊自己的近況。或者，針對對方提到的事物，像學生一樣舉手發問：**「●●是○○嗎？請你教教我。」**

這樣做，便可以維持「對方在上，自己在下」的關係，在工作的緊張關係和朋友的輕鬆關係之間，取得絕佳的對話平衡點；另外，也能緩解對方緊張的情緒，覺得「既然你都這樣問了」，而提供各種建議和資訊。這正是商場閒聊絕佳的平衡關係。

維持這種師徒關係，就算聊到鋼彈的經典名言，或是歐洲市場現況，也一點都不需要感到驚慌失措。

只要說**「不好意思，問個門外漢的問題」「很抱歉，問這麼無知的問題」**，然後請對方教你。對方不但心情愉快，你也可以吸收到新知，一石二鳥。

「老師和學生的角色扮演」，並非向工作上的合作對象貶低自己，也不是如朋友般的對等關係，而是恰到好處的上下關係。

這個方法也可以用在另一半的父母，或是年紀差很多的長輩身上，非常好用。

POINT

師徒關係，讓你跟有所顧忌的對象也能聊得開心。

28

切入話題的方法

○

從擅長的觀點切入。

×

從專精的領域切入。

有些人為了跟客戶聊得上話，開始培養新的興趣，吸收新聞和時事新知，以作為聊天的話題。這樣的想法，是以知識的廣度決勝負。

或是瘋狂吸收知識，創造一個「這我很在行」的領域。有些人學會專精到不行的知識，當作自己聊天時的話題切入點。這樣的策略，是以知識的深度決勝負。

這些努力當然值得肯定，而且拿來當作聊天的話題，應該也可以聊得很熱絡。不過，那最終只能停留在表面的對話。

因為，知識只能停留在知識階段，無法反映出那個人的性格。

所以我的建議是，**閒聊時應該要有屬於自己的觀點、切入點，而非專精的知識領域。**

比方說，我有個顧問業的朋友，他是「物流」領域的專家。

任何現象，他都能從「為了確實傳遞事物，需要什麼樣的架構」這樣的觀點切入來思考和談論。凡事都從這種角度切入，因此早已習以為常。

像我就是鑽研「人際關係」。

我習慣從人際關係的角度分析各種事物。無論是政治話題，還是體育新聞，都可以思考其背後有著什麼樣的人際關係、人們又有什麼樣的心情，因此對任何事物都能保持高度的好奇心。

擁有串聯所有話題的觀點

只要像這樣，擁有一個屬於自己的獨特觀點，既可以跟不同領域的人聊，也能做出自己獨特的評論。

也就是說，**可以聊得「又深又廣」**。

比方說，對方這樣展開話題：「我有養狗，最近常帶狗狗去專屬的運動空間玩。」這個時候，就算你沒有養狗，對狗也毫無興趣，只要有自己獨特的觀點，一樣聊得起來。

擁有「物流」觀點的人，可以從「狗狗專屬的運動空間是什麼樣的地方啊？那個場所必須確保人可以順暢通行，而且要有足夠的空間」等角度來聊。

而擁有「人際關係」觀點的我，則是對「什麼樣的人會去狗狗專屬的運動空間？飼主之間有交流嗎？」等問題感興趣。

當然，獨特的觀點並非一朝一夕就能形成的。

你可以先把自己感興趣的東西寫下來，然後試著思考這些事物有什麼共同點。

獨特的觀點不僅是閒聊時的便利工具，也會是你人生的利器。

POINT

從自己獨特的觀點切入，便能聊得又廣又深。

29

跟上司兩人獨處（電梯篇）

○

上前搭話。

×

移開視線。

沒想到會在電梯裡跟上司兩個人獨處，好尷尬……你有沒有過這樣的經驗？

商管書上都說：「有能力的商務人士，可以讓電梯裡的對話發揮最大效益。」真的遇到這種狀況時，卻大多不知道該說些什麼，最後低頭不語。

不過，在這種情況下，「移開視線，避免對方跟自己搭話」是NG的做法。

而且電梯這麼狹窄，怎麼藏也沒有用，上司馬上就會察覺到。對方之所以悶不吭聲，只是覺得「看他緊張成那樣，我還是不要搭話好了」，搞不好內心其實很生氣：「這傢伙看到我，竟然把視線移開。」

那麼，電梯裡只有你跟上司兩個人時，應該採取什麼樣的行動？**正確的做法是「自己上前搭話」**。

沒有忽視對方，就是為自己加分

無處可逃的密閉空間，對方又是你顧忌的對象。

在這種糟糕的情況下，到底該說什麼才好？答案是，說什麼都好。電梯裡的對話，不需要有明確的話題。

「部長，您辛苦了！」

「喔喔，你最近怎麼樣啊？」

「託您的福，最近還不錯。」

「今天去外面跑業務嗎？」

隨便聊個幾句，就抵達目的樓層了。

重點不是對話的內容，而是「積極上前搭話閒聊」這個事實，因爲只要「沒有忽視對方」，就已經是非常出色的表現了。什麼規則、技巧，統統暫時忘掉吧。

如果兩人獨處的時間夠長，有機會挑戰，可以試著實踐前面提到的**讚美**、**請教和道謝**等技巧。

「您的打扮總是好時髦呀！」（讚美）

「沒有啦。」

「您是在哪裡買衣服的？」（請教）

「喔喔，下次我再跟你說喔。」

「好啊，謝謝。那我先走了。」（道謝）

這樣的對話一點內容也沒有，但上司一定對你留下了好印象。比起不自然地聊工作的事，這樣反而比較討喜。

POINT

只要上前搭話就可以了，就這麼簡單。

30

跟上司兩人獨處（計程車篇）

○

聊車窗外的街頭景象。

×

準備話題，避免對方覺得無聊。

比在電梯裡跟上司兩人獨處閒聊難度更高的，應該就是跟上司搭同一輛計程車的時候吧。

搭電梯的時間短，勉強可以聊上幾句，而且抵達其他樓層時，也可能有別人進來，但計程車就不是這樣了。

下定決心，想努力聊聊看，卻不知如何開口。試了前面的幾項技巧，效果卻不如預期。這個時候該怎麼辦才好？

其實，計程車有計程車才有的聊天話題。

那就是**「車窗外的街頭景象」**。這正是會議室和餐廳沒有，搭計程車時才會出現的話題，不拿來用就太可惜了。

「路上車子好多啊。」

「這條路一直在動工呢。」

「咦，那間店不見了。街道的氣氛整個不一樣了耶。」

講什麼都行，把映入眼簾的事物說出來就好。這個技巧叫作「影像對話」。

把看到的東西說出來，上司可能會因此聊起景氣狀況，或是聊他過去的街頭回憶。

當對方開啟了話匣子，你只需要「原來如此」「這樣啊」地搭腔附和。內容膚淺也沒關係，然後當話題中斷時，你只要再次把映入眼簾的事物當作話題，說出來就好。

「哇，好大的招牌！」

「那款賓士眞是歷史悠久耶。」

搭計程車反而是話題的寶庫。

聊外頭的風景，就不會碰觸到私人話題

像這樣，**把看到的事物當作話題，好處除了不愁沒話聊之外，還有一個就是「不太會被問及隱私」**。

「你住哪裡？」「你的興趣是什麼？」這類問題接二連三，其實不是想要探你的隱私，而是想跟你輕鬆聊天的苦肉計。上司只是用他的方式想關心你而已。

不過，平常相處起來已經夠累了，再被身家調查一樣問過一輪，恐怕會筋疲力盡吧。既然如此，不如就把映入眼簾的事物當作話題丟給上司，讓他自由發揮。

如此一來，就可以用不痛不癢的對話，平安度過和上司一同搭計程車的時間。

POINT

在計程車裡，直接把看到的窗外街景當作話題。

31

改變話題的方法

○

「我們換個話題……」

直接講明改變話題。

×

「我們差不多……」

暗示對方改變話題。

閒聊一陣子之後，覺得差不多該切入主題時，怎麼做才好？

「話說……」想要若無其事地改變話題，卻馬上回到原本的主題；就算用「我們差不多……」催促對方，話題怎麼也結束不了。

尤其當對方是上司或客戶這類身分地位比自己高的人物時，話題的轉換更是難上加難。

這個時候，直接講明目的：「我們換個話題……」是非常有效的方法。

就算是自顧自說話類型的人，當別人說「我們換個話題……」時，也不會回道：「我們不要換話題，繼續聊。」

同樣地，**「我可以換個新的話題嗎？」「不好意思聊到一半，我想換個話題」**等也很有效。總而言之，「接下來我想聊這個」，直接講明目的才是正確做法。

覺得差不多該從閒聊進入正題時，先以**「哎呀，聊得太開心，都忘了時間」**結束閒聊，然後說：**「我一直很想跟您討論這部分，那我們就進入正題吧。」**這樣應該可以順利轉移到商務洽談。

覺得不放心，一開始就說清楚講明白

不要執著於順其自然，一開始就說清楚講明白，這項技巧也可以應用在聊軼聞趣事上。

這個故事應該是第一次跟這個人說，但我在很多地方提過，對方搞不好已經聽過兩、三次了，再這樣躊躇下去，就要錯失說的機會了，怎麼辦？

當你有這樣的煩惱時，直接講清楚是最佳策略，例如，**「若之前講過了，還請見諒」「這是我常說的哏，在很多地方提過」**等等。

就算講到一半，對方說「這我之前聽過了」，你只要回道「這樣啊，真不好意思」，把話題收回來就好。

跟人閒聊，本來就容易緊張。

不需要觀察對方的反應，試圖掌控全場，只要大聲告訴對方「我們換個話題」「前面已經談過了」，後續要怎麼做就很明確、清楚了。

POINT

只要不追求順其自然，閒聊其實超簡單。

32

傾聽時回應的技巧

○

選擇關鍵字回應。

✕

對方說一句，你就回應一句。

「前幾天我去了車站前新開的蕎麥麵店喔。」

「是在車站東出口的蕎麥麵店嗎？應該很好吃吧？」

「嗯，還不錯喔。然後那家蕎麥麵店的旁邊有家漢堡排店。」

「漢堡排呀，最近還滿流行的。排了很多人嗎？」

「啊……對呀。不過談到大排長龍，珍奶店的人潮才是……」

「珍奶！真的很厲害耶。賣珍奶的店越來越多。」

如果對方是上司或客戶，應該不少人會受到「因為這是工作」的想法影響，覺得必須努力跟對方攀談。但努力閒聊，有時只是做白工。

回應對方的每一句話，就是做白工的一種。

想要盡可能回應對方的每一句話，藉此讓對方卸下心防，但這種宛如脊髓反射的回應方式，反而無法聊得深入，也不能加深彼此的關係。這個時候該怎麼做才好？

當你的閒聊力達到一定程度之後，就把目光轉到目標和策略上吧。

例如，當客戶說「前幾天我去了車站前新開的蕎麥麵店喔」，你就要思考，是要從「車站前」還是「蕎麥麵店」擴展話題，大致決定個方向。

如果是「車站前」，就可以接著問「您常常去車站前那一帶嗎？」「車站前好像新開了不少店耶」等等；如果是「蕎麥麵店」，就可以接著聊「那家蕎麥麵店好吃嗎？」「您喜歡蕎麥麵嗎？」等等，擴展話題。

只點頭不說話，有時也是一種閒聊力

不擅長閒聊的人，常常不小心犯下這樣的錯：禁不起沉默，對方說一句，就回一句。

太害怕沉默會帶來尷尬，所以對方每說一句話，你就回應一句，結果反而讓聊天的氣氛冷了下來。

想盡辦法不斷換話題，氣氛卻怎麼也熱絡不起來。

閒聊時，不需要針對每個關鍵字反應、提問。**什麼也不說，傾聽對方的話，安靜地點點頭，就是非常好的反應了。**

深呼吸，以從容的態度面對，對方會覺得跟你聊天很舒服自在，對你留下沉著穩重的印象。

POINT

對話的你來我往，不要讓彼此喘不過氣。

33

讓你跟別人不一樣的傾聽方式

○

「我可以做筆記嗎？」
仔細傾聽。

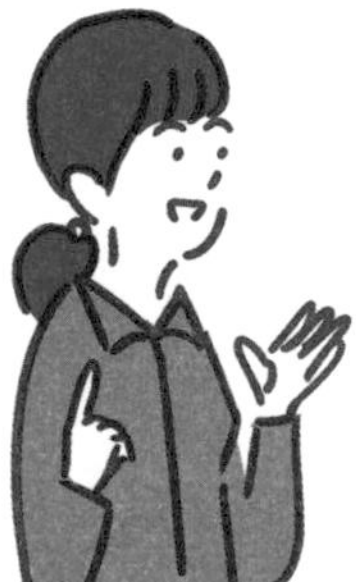

×

「眞有趣耶！」
聽過就算了。

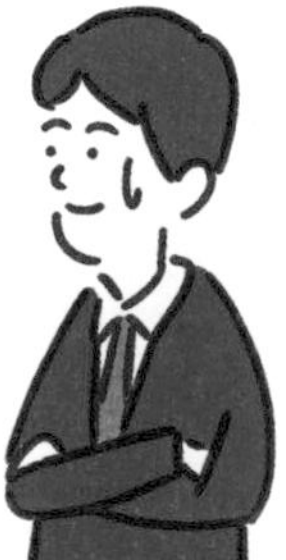

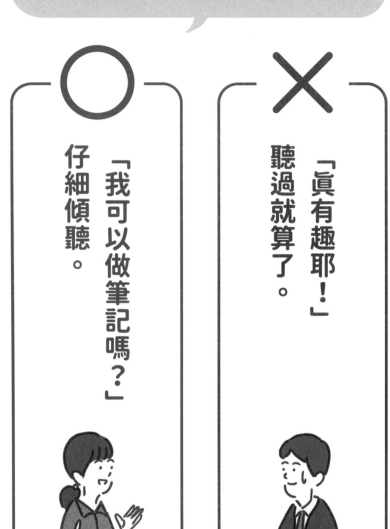

我在前面再三強調，閒聊是對話的你來我往，聊天的內容隨便都好。正因如此，只要在傾聽的態度下點工夫，就可以讓你顯得跟其他人不一樣。

「拿破崙在法國革命的前一天晚上，曾經這樣說道。」

「你知道委內瑞拉現在有個有趣的經濟現象嗎？」

當上司或客戶提供建議或說了個小知識的時候，當然要一如往常地回應對方：

「真是有趣耶！」但如果想要往上提升一個層次，可以向對方展現你積極的一面：

「你說的東西我很仔細在聽，而且非常有興趣。」

具體而言，你可以說：**「您說的東西，我可以做筆記嗎？」然後拿出隨身筆記本或手機。**

我在前面提到，「老師和學生的角色扮演」對商業往來上的閒聊很有效。當認真的學生問：「我可以做筆記嗎？」沒有老師會覺得不開心。「哎呀，我講的東西沒什麼大不了的。」對方應該會開心得不得了。

真的做起筆記也行，做做樣子當然也沒關係（笑）。

這裡再強調一下，**在閒聊這個溝通過程中，聊的內容並不重要，向對方傳達「你講的東西實在太有趣了，讓我忍不住想記下來」才重要。**

鞏固記憶的訣竅：馬上說給別人聽

如果可以記住筆記起來的東西，那是再好不過。若內容真的很有趣，應該也能作為你今後聊天的談資。

雖然把人家講的東西做筆記了，但記不記得住又是另外一回事，而且很少人會回去看自己的筆記吧。

有個很棒的訣竅，可以幫助你把別人講的東西牢牢記住。

那就是，**馬上說給別人聽**。

有研究指出，在聆聽、閱讀、邊聽邊寫等各種學習法中，**「聆聽，然後把聽到的內容講給其他人聽（教給他人）」**，大腦記得最清楚。

所以，當你從上司或客戶那裡聽到有趣的事情時，最好馬上講給同事聽。如果沒有合適的對象，就發到社群媒體上（僅限可以公開的內容）。因為，**用自己的話解釋，融會貫通後化爲文章**，是加強記憶最好的辦法。

POINT

以認眞做筆記的樣子，展現熱忱。

34

創造閒聊機會的方法

○

一起吃午餐或喝杯茶，培養感情。

×

一起去喝一杯，培養感情。

「下次一起去喝一杯。」

「好啊，一定喔！」

嘴巴這樣講，結果一次都沒去，這種情況你遇過多少次呢？

「不喝不相識」，是商務閒聊中深受歡迎的方法。

依舊有很多人認為，想跟高層或客戶培養感情，最好的方式就是一起去喝一杯。

實際上，酒席上的談天說地最輕鬆簡單。

借助酒精的力量，隨便聊都盡興，時間一下子就過去了。老實說，根本不需要什麼閒聊力。

酒酣耳熱之際，感覺彼此的關係變得更密切，但實際上並非如此的情況並不少見。

彼此都喝醉了，甚至連自己講了什麼都不記得，或是因為一點小事就吵了起來。而且，最近有越來越多人不喝酒，因此不喝酒的場合也增加了不少。

所以，你如果有想縮短距離的對象，就約去吃午餐或喝杯茶吧。

約午餐或喝杯茶的好處在於，可以大概掌握會花掉多少時間。如果是約聚餐，可能會續攤，時間拖得太長，實在有點麻煩。

就這點而言，吃午餐或喝杯茶，本來就不是以長時間相處為前提，因此可以用「時間差不多了」，結束聚會。

「以茶會友」經濟又實惠

此外，**跟喝酒聚會相比，吃午餐或喝杯茶經濟又實惠。**既不用擔心喝太多傷荷包，也不必擔心錯過末班車，或是弄壞身體。

唯一的缺點就是，少了酒精，就必須有高度的閒聊力。

這正是本書可以提供協助的地方。

在聊天過程中，如果發現彼此有共同的興趣或休閒嗜好，可以試著約對方。

網球、高爾夫、攀岩、圍棋等，**屏除工作或酒精的影響，一起集中精神做些什麼，短暫的幾小時可以讓你跟對方的關係變得更緊密。**

而高爾夫就是最典型的「閒聊運動」。

三、四個人，一起優閒地度過半天，聊聊芝麻小事。商業洽談的前哨戰經常就此展開。

我有個開公司的朋友非常喜歡打麻將，他曾說過：「喝酒很麻煩，會對隔天的工作造成不良的影響，所以我都盡量約大家去打麻將。」

現在這個時代，想跟人拉近距離，不要想都不想就約去喝酒，請務必約對方一起去做個不酒醉的活動！

POINT

閒聊力是非酒精時代的必要技能。

35

別人邀你出去玩時

○

「好啊！」

立刻答應。

×

「我看一下行事曆。」

暫時保留。

「我想介紹朋友給你認識，下次一起去喝一杯吧。」

「最近天氣正好，要不要一起去打高爾夫呀？」

跟上司或客戶聊得熱絡，對方順勢約你去喝酒或出去玩；或者，工作結束後，對方順勢約你：「等等要不要一起去慶祝一下？」

老實說，一點也不想去；或者就算要去，也想知道更多詳細資訊。「我看一下行事曆喔。」「還有哪些人會來？」像這樣對邀約表現得猶豫不決，都是NG的閒聊。

這個時候，馬上回答**「好啊」「我想參加」**，才是正確的做法。

答應之後再婉拒就好：「我看了一下行事曆，那天已經有約了，真抱歉。」「那段期間剛好工作很忙。」

就像前面一直強調的，閒聊的內容不是問題，態度才是重點。

同樣地，**針對這種工作場合中不知是公或私的邀約，不要表現出「不曉得要不要去」，而是要正面積極地向對方表達「我想去」的意願，才是建立關係的重點。**

在致謝的訊息也下點工夫

像那樣爽快答應邀約，之後難以拒絕的案例可能也會增加吧。

碰到這種狀況，將之劃歸為「應酬」和「工作」，應該就不會覺得悶悶不樂。你也可以把上司或同事一起拉進來。

最後的重點，在於結束後的致謝訊息。

「謝謝招待」「非常謝謝您」，這些是基本的商業禮儀，而多加一句可以展現閒聊力。

「電車好像很擠，您平安回到家了嗎？」

「回程的路上冷不冷啊？」

像這樣，一句關心對方的話，能夠建立恰到好處的距離感，彼此不再只是單純工作上往來的對象。

把跟工作往來對象的出遊，劃歸爲「工作」。結束之後，再用一句話展現彼此的「友好關係」。

面對工作場合的邀約，就以這種方式取得心理平衡吧。

POINT

向對方表達「我想去」的意願，之後拒絕也沒關係。

36

八卦謠言

○

聊藝人或名人的八卦謠言。

×

聊熟人或同業的八卦謠言。

我在前面提過非常多次，閒聊是對話的你來我往，無論內容如何，都應該以肯定的態度回應。

但有個例外，就是碰到**八卦謠言**時。

「聽說○○○很花？」

「■■■工作能力不太好，你應該很辛苦吧？」

有時會遇到愛講八卦的人。在派對、異業交流會或職場上，聽到別人的八卦謠言，不知道該怎麼回應——你應該有過這樣的經驗吧？

從前面的例子來看，對方只是在發洩情緒，以「這樣啊」回應就可以了。

八卦的對象如果是自己不認識、無關的人，那就算了；若是藝人或政治人物，甚至可以一起說說那個人的壞話。

但如果八卦謠言的對象是認識的人，就沒辦法那樣做了。

因為，假如糊里糊塗附和對方，八卦謠言說不定中途會被加油添醋，最後很有可能變成是你在說別人壞話。

所以，**在數量眾多的閒聊中，唯一不該回應、要盡可能保持距離的，就是「熟人的八卦謠言」**。就用前面提到的迴避技巧，想辦法遠離危險吧。

總之不要說負面的話

不只是八卦謠言，「真不爽」「很討厭」這類負面的話，也最好不要出現在閒聊當中。

喜怒哀樂這類真實情緒的表現是好的，但充滿惡意、負面的話，會讓聽者覺得不舒服。

「◎◎◎那個藝人一點也不可愛耶！」

「啊，我其實是他的粉絲……」

「●●那間店有夠難吃的。」

「我很喜歡耶，還滿常去吃的……」

一起說別人的壞話，是非常非常快樂的事，但僅限於有一定交情的人或推心置腹的好友。跟上司或客戶這類工作往來的對象，不需要敞開心胸到那種程度。

閒聊力的奧妙就在於，利用無害的、不痛不癢的話題也能聊得熱絡。

壞話和八卦謠言千萬不要碰，請務必牢記在心。

POINT

無害的話題也能聊得盡興，才是眞正的閒聊力。

〈結語〉「對人不感興趣」這種病

再次跟大家問好，我是本書的作者五百田達成。

讀完這本書之後，各位覺得如何呢？
如果你心中能自然浮現「應該可以這樣做吧」的念頭，我也與有榮焉。
請放心，你的閒聊力一定會有所提升，這點我非常肯定。

接下來，我想稍微換個話題。

請問，你有過「對人不感興趣」這樣的想法嗎？

・對不熟的人說的話不感興趣。

・不想花時間熟悉不認識的人。
・連自己都顧不好了，根本無法顧及他人。
・已經有好幾個好朋友，不想再交新朋友了。

而另一方面……

・這樣下去不行，不想一個人孤獨地過日子。
・交友圈封閉，這樣下去好嗎？
・朋友大多是學生時代認識的，長大後就沒交過新朋友了。
・再這麼對人不感興趣，自己會不會在事業和情場上都一事無成？

我可以理解，真的非常可以理解。

我自己就是個很挑朋友的人，常常把我認為「不重要的人」拒於千里之外。
到現在，跟人第一次見面或身處陌生的社交場合，我還是會覺得緊張，參加滿是陌生人的派對就會很憂鬱。

不過，我還是有好幾個朋友是出社會之後才交到的。

那些人最初都是陌生人，對我來說一點也不重要，我既沒有興趣，也不想跟他們成為朋友。

那麼，我是如何跟那些人建立關係的呢？

沒錯，就是從閒聊開始。

在某個聚會上認識了某人，稍微聊了一下，發現滿合得來的；繼續聊下去，覺得「喔，這個人還滿有趣的耶」，然後又聊了一下。之後一起去喝茶、遊玩，感情越來越好。

最後，內心充滿感激：「這個人應該會是我一輩子的朋友。啊，真開心。不但值得信賴，有問題也可以找他商量，跟這個人相處起來真是愉快。真是太好了、太好了。」

在工作上或私底下，因為閒聊交到的朋友並不多，但是有好幾位。

就這個意義來說，閒聊的力量真的很厲害。

因為**有了最初的閒聊，我才有辦法逐漸跟對方建立關係**。

透過閒聊，逐步加深關係，可以進一步了解對方。

如此一來，就會從「陌生人」升格為「稍微有點了解的人」，對對方感興趣，越聊越有興趣。

到了這個年紀，我越是能夠深切體會到，信賴關係、朋友關係其實就是透過閒聊，日積月累建立起來的。

習得閒聊力，就會對別人感興趣，最後能夠擴展並加深你的人際關係。

在極少數的情況下（雖然不會那麼頻繁發生），你甚至能夠交到一輩子的朋友，或是伴侶。

身為作者，若本書可以為你的人際關係帶來新的機會，是我莫大的榮幸。

最後，我想藉這個機會，向傾力協助本書出版的編輯大竹朝子、谷中卓，副編輯島影真奈美，設計小口翔平、喜來詩織、岩永香穗、三澤稜，以及Discover 21公司的干場弓子致上最高的謝意。我跟他們之間的緣分，也是從閒聊開始的。今後也請多多指教了。

由衷祝福閱讀本書的你，每一天都過得充實快樂。衷心感謝。

五百田達成

Eurasian Publishing Group
圓神出版事業機構
用心與你對話．續紛無限寬廣
方智出版社
Fine Press

www.booklife.com.tw reader@mail.eurasian.com.tw

生涯智庫 199

最高閒聊法：再尷尬也能聊出花來，一生受用的人際溝通術

作　　者／五百田達成
譯　　者／謝敏怡
發 行 人／簡志忠
出 版 者／方智出版社股份有限公司
地　　址／臺北市南京東路四段50號6樓之1
電　　話／（02）2579-6600・2579-8800・2570-3939
傳　　真／（02）2579-0338・2577-3220・2570-3636
總 編 輯／陳秋月
副總編輯／賴良珠
主　　編／黃淑雲
責任編輯／黃淑雲
校　　對／胡靜佳・黃淑雲
美術編輯／蔡惠如
行銷企畫／陳禹伶・黃惟儂
印務統籌／劉鳳剛・高榮祥
監　　印／高榮祥
排　　版／杜易蓉
經 銷 商／叩應股份有限公司
郵撥帳號／18707239
法律顧問／圓神出版事業機構法律顧問　蕭雄淋律師
印　　刷／祥峰印刷廠
2021年12月　初版
2024年8月　25刷
「超雑談力」（五百田達成）
CYO ZATSUDANRYOKU

Illustration by Kotaro Takayanagi
Original Japanese edition published by Discover 21, Inc., Tokyo, Japan.
Complex Chinese edition published by arrangement with Discover 21, Inc. through Japan Creative Agency Inc., Tokyo.

定價300元　　ISBN 978-986-175-647-9

願望之所以沒有實現，並不是吸引力法則沒有發揮作用，
而是吸引到潛意識裡的東西。

——《好事吸引力結界》

國家圖書館出版品預行編目資料

最高閒聊法：再尷尬也能聊出花來，一生受用的人際溝通術／
五百田達成 著；謝敏怡 譯. -- 初版. -- 臺北市：
方智出版社股份有限公司，2021.12
208面；14.8×20.8公分 --（生涯智庫；199）
譯自：超雑談力：人づきあいがラクになる 誰とでも信頼関係が
築ける
ISBN 978-986-175-647-9（平裝）

1. 說話藝術　2. 人際傳播　3. 人際關係

192.32　　110017216